KARMANN Ghia

O DESIGN QUE VIROU HISTÓRIA

Paulo Cesar Sandler

O DESIGN QUE VIROU HISTÓRIA

São Paulo
2010

Copyright © 2010 Paulo Cesar Sandler
Copyright © 2010 Alaúde Editorial Ltda.

Todos os direitos reservados. Nenhuma parte deste livro poderá ser reproduzida, de forma alguma, sem a permissão formal por escrito da editora e do autor, exceto as citações incorporadas em artigos de crítica ou resenhas.

1ª edição em maio de 2010 – Impresso no Brasil

Diretor-geral: Antonio Cestaro
Gerente editorial: Alessandra J. Gelman Ruiz
Editora executiva: Ibraíma Dafonte Tavares
Editor de arte: Walter Cesar Godoy
Editor-assistente de arte: Rodrigo Azevedo Frazão

Revisão: Shirley Gomes e Beatriz C. Nunes de Sousa

Impressão e acabamento: Ipsis Gráfica e Editora S/A

Dados Internacionais de Catalogação na Publicação (CIP)
(Câmara Brasileira do Livro, SP, Brasil)

Sandler, Paulo Cesar
      Karmann-Ghia : o design que virou história / Paulo Cesar Sandler. --
São Paulo : Alaúde Editorial, 2010.

           1. Automobilismo 2. Karmann-Ghia (Automóveis) 3. Karmann-Ghia - Design
I. Título.

10-03806   CDD-629.22209

Índices para catálogo sistemático:

1. Automóveis Karmann-Ghia : Design : História
629.22209

ISBN 978-85-7881-043-6

Alaúde Editorial Ltda.
Rua Hildebrando Thomaz de Carvalho, 60
CEP 04012-120 – São Paulo – SP – Brasil
Fone: (11) 5572-9474 / 5579-6757
www.alaude.com.br
alaude@alaude.com.br

Dedico este livro a João Luiz Pereira e a Luiz Sandler.

AGRADECIMENTOS

Este livro não existiria sem a solidariedade e a colaboração das pessoas abaixo, que não pouparam esforços para esclarecer os dados históricos e a filosofia de trabalho da Karmann-Ghia do Brasil. São ex-presidentes, técnicos de muitas áreas, designers, engenheiros e revendedores, afetuosamente ligados aos produtos sobre os quais este livro discorre. Deixo aqui, portanto, meus profundos agradecimentos a: Harald Uller Gessner, sócio-presidente da Karmann-Ghia do Brasil, que me colocou em contato com seus amigos, Georg Maisch e Nicola Frigeri; Wolfgang Sauer, ex-presidente da Volkswagen do Brasil; Carl Horst Hahn, ex-presidente e atual membro do Vorstand da VAG; Axel Schultz-Wenk, Christine Schultz-Wenk, Georgina Gessner e sua mãe, Ingrid Gessner, além de Barbara Nodhoff Cantacuzino, pela disponibilidade de traçar as características psicológicas de seus pais, Friedrich e Harald Uller; Márcio Piancastelli, designer cujo talento só pode ser comparado à sua notável gentileza; Günther Hix e José Vicente Novita Martins (Jota); Frank Dieter Pflaumer, que se tornou um grande amigo e dedicou grande cuidado à revisão do texto, o mesmo cuidado que manteve ao longo de 45 anos de serviço na Volkswagen; Cláudio Menta, que prestou a este livro contribuições idênticas às de Pflaumer; Uwe Kröger e Sérgio Couto; Edith Kunze, tradutora juramentada e sua filha Elsa Kunze Post Susehmil, pela versão das cartas de Heinz Nordhoff para Schultz-Wenk, cedidas por seus filhos.

Agradeço ainda a João Luiz Pereira, empresário dotado de raro senso iluminista, fundamental para que este livro viesse à luz; a seus colaboradores, Maria Angela Mezzetti, que deu ao livro o mesmo cuidado maternal que dedica ao seu trabalho no Grupo Brasil, Ademir Duô, Elcio Potomati e F. Ernesto Kiem, que enriqueceram este trabalho com sua experiência.

A história da Karmann-Ghia começou no exterior, e, sem a ajuda de pessoas que trabalham por lá, este livro seria mais pobre. Muito obrigado a:

Tom Tjaarda; Arthur Railton; Paul Schilperhoord; conde Klaus Detlev von Oertzen; William Stoessel; Sandra Esslinger; barão Ulf von Veyder-Malberg; conde Rudolf von Schulenburg; Dirk Schlinkert e Manfred Geiger, professor da História Corporativa da Volkswagen, em Wolfsburg; Bob Sharp e Cláudio Larangeira, nomes que dispensam apresentação; Ronaldo Lerner Vinocur, que me iniciou neste universo; e, de modo muito especial, ao historiador Martin Walter e a Jan P. Norbye, que investigou a fundo a misteriosa história do Karmann-Ghia.

Para além do circuito automobilístico, agradeço aos doutores Marcelo Ferraz Sampaio, Luiz Paulo Kowalski, Waldemar Ortiz e Eduardo Berger, cujas ações têm permitido a continuidade de muitos escritos. E, por fim, agradeço a dedicação da equipe da Editora Alaúde e de seu diretor-geral, Antonio Cestaro, que possibilitou o aparecimento desta série de livros, tornando realidade um sonho de quatro décadas.

Paulo Cesar Sandler, maio de 2010

SUMÁRIO

Introdução 11

Capítulo 1 – A Wilhelm Karmann GmbH 15

Capítulo 2 – Em busca do esportivo certo 25

Capítulo 3 – A paternidade do Karmann-Ghia.................................33

Capítulo 4 – Nasce um novo carro 39

Capítulo 5 – O lançamento 51

Capítulo 6 – Os primeiros anos do Karmann-Ghia 63

Capítulo 7 – A Karmann-Ghia do Brasil 69

Capítulo 8 – Primeiras mudanças 81

Capítulo 9 – O Karmann-Ghia é produzido no Brasil 91

Capítulo 10 – Evolução ano a ano..109

Capítulo 11 – O valor do Karmann-Ghia..185

Capítulo 12 – A arte de pilotar um Karmann-Ghia 187

Capítulo 13 – Competições e concorrência 195

Capítulo 14 – Nos dias de hoje 215

Capítulo 15 – O astro da mídia 221

Capítulo 16 – Miniaturas 225

Referências bibliográficas..235

Créditos das imagens...239

INTRODUÇÃO

Na longa história da busca do ser humano por mais velocidade, por máquinas e artefatos que o auxiliem na resolução de suas questões práticas, há, além da tecnologia, o desejo por estética, esporte, prazer e lazer. Por combinarem harmoniosamente esses aspectos, os automóveis da produção industrial contemporânea tornaram-se objeto de admiração e até de cobiça. Um deles, mais de meio século após sua criação, ainda evoca o desejo humano: o Karmann-Ghia. Ele sintetiza, com mistério e atração, o que disse o célebre poeta inglês John Keats: "O belo é eterno".

Nem sempre, entretanto, o reconhecimento de grandes obras acontece contemporaneamente ao seu aparecimento, e isso vale para os automóveis. Talvez por isso o Karmann-Ghia tenha recebido tanto tempo depois a merecida atenção e admiração de inúmeros apreciadores. Também não é sempre que críticos e público compartilham a mesma opinião, que sabidamente se reflete no comportamento de vendas dos automóveis.

A divisão entre o mercado e a crítica foi marcante no caso do Karmann-Ghia. A aprovação pública garantiu, por dezenove anos, um mercado lucrativo – um verdadeiro recorde. Fabricado apenas no Brasil e na Alemanha, por aqui vendeu algo em torno de 24 mil unidades no período de nove anos; no resto do mundo, 420 mil unidades foram comercializadas em dezenove anos. Parte da imprensa, entretanto, atacou o carro.

Com honrosas exceções, a mídia enfatizava o que o Karmann-Ghia não tinha, esquecendo-se do que ele tinha. A maioria dos testes de estrada adotava como principal alvo do ataque o desempenho em rodovias, em termos de velocidade máxima. A robustez e a qualidade da construção, a maneabilidade, a experiência automobilística de enorme liberdade, o divertimento, o relaxamento e o ambiente de intimidade esportiva eram desprezados.

Comparava-se o Karmann-Ghia aos Ferraris, aos Jaguares, aos MGs e, obviamente, ao Porsche, seu irmão atleta. O mercado, mais sensível, sabia que os rivais eram outros, quase sempre menos robustos, menos bem construídos, menos belos.

O nome, nascido por acaso, causou sensação. Na fábrica, era denominado Tipo 143 (ou 144 no caso do que possuía direção do lado direito). Além de doar formas muito belas aos proprietários, que se sentiam felizes em possuí-lo, ele tem uma história única no mundo do automóvel, à qual não falta um componente de mistério. Devido ao sigilo profissional e à orientação dada aos designers e aos engenheiros, as fábricas não eram fonte confiável de informação. Os cronistas automobilísticos limitavam-se a expressar o que as empresas informavam oficialmente. As hipóteses que surgiam eram logo tratadas como teses incontestes, mas não passavam de meras impressões baseadas em "descobertas" feitas em fotografias de modelos, referendadas não por fatos, mas por declarações oficiais, oficiosas, de propaganda ou de "ouvir dizer". Um arejamento surgiu nos "testes de estrada", que ganharam ímpeto a partir da segunda metade do século XX. Mas o interesse pelas verdadeiras informações e o acesso a elas só começaram a aparecer quando algumas gerações de designers e engenheiros se aposentaram e deixaram de temer a reação das fábricas, o que ocorreu a partir da década de 1970.

Ironicamente, depois que deixou de ser produzido, o Karmann-Ghia tornou-se avidamente procurado e reconhecido, em um fenômeno parecido ao de

Na década de 1970, a respeitada revista *Car and Driver* afrontou as convicções dos porschistas afirmando que um "mero" Karmann-Ghia conversível era o último Speedster

outros ícones automobilísticos, como o Triumph TR3, o Porsche 356, os MGs da série T ou até mesmo o glorioso Fusca. O anúncio de que o Karmann-Ghia iria parar de ser fabricado foi feito em 1974. Uma já famosa revista americana dedicada a leitores com tendências esportivas, a *Car and Driver*, publicou que o último Porsche Speedster fabricado era nada mais nada menos que um... Karmann-Ghia conversível!

Um teste feito com o Karmann-Ghia 1600, de 1972, comparou-o ao Porsche Speedster, de 1955, e concluiu que a aceleração lateral dos dois carros era idêntica: 0,73 g. O Karmann-Ghia acelerava de 0 a 400 m em 19,7 segundos, com passagem final a 107,4 km/h; o Porsche, em 18,6 segundos, com passagem final a 114,8 km/h. A maneabilidade foi também considerada idêntica. O Karmann-Ghia tinha melhor consumo de combustível com apenas um carburador, contra dois do Porsche, fazendo 9,5 km por litro, contra 8 km por litro do Porsche. A qualidade de construção e de montagem eram iguais, mas o Karmann-Ghia era bem mais resistente à água e à ferrugem. A velocidade máxima era 10 km/h menor que a do Speedster. Quanto à estética, na opinião de muitos a do Karmann-Ghia era superior.

Os leitores que examinaram melhor o teste não se surpreenderam com o fato de o Porsche ter se saído bem na comparação. Os carros de vanguarda geralmente incorporam avanços que acabam sendo encontrados nos autos mais "comuns" com dez ou quinze anos de atraso. Olhando apenas para os números, a comparação parecia ter fundamento. Em certas áreas, o Karmann-Ghia 1974 se beneficiava da tecnologia, pois tinha freios dianteiros a disco; os do Porsche 1955, embora excelentes, eram a tambor. A conclusão geral tinha um tom menos sensacionalista: o Karmann-Ghia 1974 era o único carro zero-quilômetro *próximo* ao Porsche Speedster que se poderia comprar.

O *feeling* dos carros em pistas, no entanto, era muito diferente, por causa do desenho do chassi. O Porsche continuava sendo, oito anos depois (e até hoje), um carro mais "estradeiro", que enfrentava melhor as curvas (a aceleração não consegue expressar isso), com mais solidez, mais integridade estrutural, e "grudando" melhor. Uma evidência disso é seu alto preço no mercado de clássicos.

A identificação entre Porsche e Karmann-Ghia era tão evidente que acabou ditando uma curiosa moda, talvez na tentativa de aproximar mais o Karmann-Ghia do verdadeiramente esportivo Porsche. Em meados dos anos 1960, um americano lançou a tendência de colocar um motor de Porsche 1,6 (encaixotado diretamente de Stuttgart) em um Karmann-Ghia zero-quilômetro. Acabou abrindo um negócio para muitos interessados, apesar de o preço final ser 30 por cento superior. A mania deu frutos no Brasil, e o empresário Paulo Goulart, da famosa loja paulistana Dacon, também passou a fazer as adaptações no Karmann-Ghia.

O Karmann-Ghia foi, até os anos 1980, um sleeper (adormecido), nome dado pelos colecionadores americanos aos carros subvalorizados no mercado de clássicos. Mas ele começou a ganhar admiradores, grande quantidade de artigos em revistas (especializadas ou não), revisões de opiniões anteriores e, principalmente, clubes pelo mundo afora. Foi exibido em museus americanos como exemplo de bom design, como expressão da tendência de considerar o valor artístico de obras industriais. A partir de meados da década de 1990, recebeu o devido reconhecimento. O "carro de uso diário vestido com sua melhor roupa de festa", agora mais velhinho, é festejado constantemente, fazendo jus à honestidade industrial de seus criadores, que conseguiram cumprir a difícil missão de conciliar beleza, praticidade e lazer.

Capítulo 1

A WILHELM KARMANN GmbH

A história do Karmann-Ghia começa com um dos milhares de indústrias automobilísticas que apareceram nos primórdios da invenção do automóvel: a Wilhelm Karmann GmbH. Desde a fundação, em 1901, ela está sediada em uma pequena cidade na Baixa Saxônia, Osnabrück, perto de onde se instalaria, tempos depois, a Volkswagen. Durante seus mais de cem anos de existência, a Karmann sobreviveu a uma guerra local, a duas guerras mundiais e às inúmeras intempéries sociais, políticas e econômicas pelas quais passou em sua história, encerrada em 2008.

A Karmann era uma indústria muito séria, circunspecta até, cuja origem é anterior até mesmo ao automóvel. Tinha fama local, mas conquistou fama mundial com seu maior produto individual, feito para a Volkswagen. Nem sempre teve o nome que sempre pareceu evocativo: anteriormente chamava-se Klages, que era o nome de seu fundador, Christian Klages.

Christian Klages se estabeleceu na cidade de Osnabrück em 1874 para fabricar carroças de tração animal, intensamente procuradas pelos comerciantes, que precisavam transportar seus produtos, e pelos industriais, que os fabricavam. A grande procura criou outra demanda: carruagens. Osnabrück ficava em uma região madeireira, e por isso não havia escassez de matéria-prima para as carroças e as carruagens de Klages. Era só esperar a madeira secar adequadamente, algo que para a seriedade e a competência teutônicas jamais constituiu problema. Esse detalhe é importante, pois a tradição de produtos benfeitos não surge do nada.

Klages, como a Alemanha, cresceu muito: em 1897, tornou-se pioneiro na adoção de máquinas industriais, movidas por um motor fabricado por Deutz. Ele montou uma oficina de reparo de carroças e carruagens, o que significava que, junto com as máquinas industriais, estava formando um *expertise* em mecânica e metalurgia – e passou a fazer reparos em bicicletas famosas da época: Wanderer, Dürkopp, Adler e Opel.

No início de 1900, Klages faleceu. A viúva vendeu a empresa ao jovem Wilhelm Karmann, que conservou a visão de seu antecessor. Ele percebeu que aquela invenção ainda tosca, o automóvel, era o futuro, e adaptou a empresa para construir carros, coisa que pouquíssimas fábricas de carruagem conseguiram fazer. Em 1901, Wilhelm Karmann tinha tanta confiança nos automóveis que comprou um Benz 1901 novinho, e sua esposa passou a ser a primeira mulher de Osnabrück a ter licença para dirigir. Ele adotou as primeiras lâmpadas elétricas para automóveis da Alemanha, importando-as da Inglaterra.

Wilhelm Karmann

Em 1914, quando eclodiu a Primeira Guerra Mundial, Wilhelm Karmann adaptou a fábrica para produzir ambulâncias e voltou a fazer carroças, além de fornecer peças para outras empresas, como para-lamas. Depois da guerra, apenas vinte dos setenta empregados voltaram, já que a maioria ou morreu ou ficou mutilada. Wilhelm Karmann conseguiu sobreviver fabricando, em condições primitivas e quase sem lucro, veículos rurais de tração animal, exportados para a França e para a Bélgica. Ele manteve, porém, a dignidade e algum fluxo de caixa. Um ou outro alemão milionário solicitava carrocerias para seus Mercedes, e esses raros momentos davam à Karmann uma fonte de renda. Como o metal estava racionado, todas as peças eram executadas com madeira.

Wilhelm Karmann, que era um homem muito bem-humorado e de fácil convívio social, foi agraciado com o título de "Príncipe do Carnaval" de Osnabrück, conferido a empreendedores bem-sucedidos.

A fábrica da Karmann no início do século XX

Em 1921, empresas belgas voltaram a fazer encomendas, o que possibilitou uma produção em série. Karmann substituiu o motor Deutz a gasolina, que fornecia energia para sua empresa, por máquinas a vapor, demonstrando sua capacidade de adaptação aos novos e dificílimos tempos.

Em 1924, já com a inflação galopante e problemas trabalhistas, ele decidiu viajar aos Estados Unidos para observar como era possível fazer os automóveis baratos que estavam invadindo o mercado alemão. Visitou a divisão Fisher de carrocerias da General Motors, na qual se utilizava o método que ficaria conhecido como turret top, de carrocerias inteiramente de aço. Por causa das condições econômicas, Wilhelm Karmann só conseguiu introduzir essas técnicas em 1939. Ele ficou especialmente interessado nas técnicas de aplicação de nitrocelulose para pintura e as introduziu na Alemanha, o que fez com que seus carros passassem a ter a aparência até então ostentada apenas pelos importados.

Quando voltou da viagem, uma onda de falências varria a Alemanha. Em 1925, um antigo contato com a Adler frutificou, e Wilhelm Karmann fechou um acordo que seria o embrião do que viria a ser, muitos anos depois, um contrato com a Volkswagen. A experiência adquirida no desenvolvimento de capotas, que remontava à época das carruagens, permitiu à Karmann projetar

Salão do Automóvel de Berlim de 1929. Carrocerias da Karmann para Opel e Adler

um Adler conversível. Mais harmonioso e prático, em comparação aos desajeitados e difíceis conversíveis da época, ele ganhou o prêmio de design Bad Neuheim, firmando o "estilo Karmann".

Em 1935, a empresa instalou suas primeiras prensas de 325 toneladas. Um sistema ferroviário passou a ligar a fábrica Ambi-Budd, de Berlim, que fazia o chassi do Adler, à Karmann. Hanomag e Krupp passaram a ser novos clientes, além da Adler. Em 1938, a gigantesca subsidiária da Ford em Eiffel contratou a Karmann para fazer 800 conversíveis.

À esquerda: a fábrica da Karmann em 1935. À direita: um Hanomag Garant produzido pela empresa

Em setembro de 1939, eclodiu a Segunda Guerra Mundial. Osnabrück era uma cidade industrial, com uma rede ferroviária de distribuição, localizada perto de uma fábrica de aviões. Por isso boa parte das instalações de Wilhelm Karmann foi destruída pelos bombardeios aéreos. Trabalhavam na Karmann cerca de 350 operários ucranianos, que, embora não tivessem sido vítimas dos campos de concentração ou de violências da mesma espécie, não eram pagos pelos serviços que prestavam, algo comum em todas as indústrias germânicas da época que conseguiram se manter. Quem não concordasse com o trabalho escravo era forçado a fechar as portas e rotulado de "católico" ou "amigo de judeus".

Durante a guerra, os esforços eram dedicados não aos veículos de transporte, lazer ou recreação, mas aos de destruição. Para começar, todos os empregados da Karmann foram recrutados para trabalhar na Weser, uma fábrica de aviões de Bremen, e Wilhelm Karmann passou a supri-la com carrocerias militares. As *Autobahnen* seriam usadas por pesados veículos de artilharia. Tudo mudaria na indústria automobilística com o conflito.

O Volkswagen, ancestral do Karmann-Ghia

A história do Karmann-Ghia dependeu umbilicalmente da história do Volkswagen, única no mundo, marcada por contradições em seus primórdios e por sua relação com a Segunda Guerra Mundial e com Adolf Hitler.

Ferdinand Porsche era projetista de carros esportivos e luxuosos. Percebendo a decadência econômica da Europa, passou a liderar equipes que elaboraram vários modelos de carros populares. Já em 1932, seguindo conselhos que recebia desde 1927 de seu amigo e financiador Adolf Rosenberger, Porsche assumiu o projeto de um Volksauto. Ele ordenou à diretoria técnica, chefiada pelo engenheiro Karl Rabe, que elaborasse um carro pequeno, feito sob os mesmos princípios dos grandes, sem simplificações. Em 1933, a República de Weimar, o ninho gerador de toda a atividade criativa da Alemanha – e também do sofrimento socioeconômico que cercou a fundação do escritório de consultoria de Porsche –, foi extinta e substituída pelo sistema nacional-socialista de Hitler.

Ferdinand Porsche cedo se envolveu com o novo governo, que lhe pareceu uma entidade mantenedora melhor que o sistema capitalista. Nenhum de seus colaboradores, principalmente Karl Rabe, Josef Kales e Erwin Kommenda, nutria simpatia ou se relacionava com os nacional-socialistas, mas eles se dedicaram a executar as ordens de Porsche, desenvolvendo o carro do povo.

Um detalhe relevante marcou a origem do Karmann-Ghia. Ferdinand Porsche queria que um conversível fosse parte integral do projeto do carro popular financiado pelo governo alemão da época. Porém, houve enorme oposição à construção desse carro por parte dos fabricantes de veículos estabelecidos, baseados no sistema capitalista. Como o governo nazista queria o domínio da vida econômica alemã, viu na iniciativa a oportunidade de fazer propaganda. Através da organização KdF, ou Kraft durch Freude (em português, "força pela alegria"), que tinha o objetivo de controlar as atividades recreativas da população alemã, como concertos, passeios, torneios de xadrez e cursos de costura, de ginástica e de natação, entre outros. O maior ramo de negócio era a organização de excursões e viagens. Fazia parte da Deutsche Arbeiterfront, a DAF, ("frente alemã de trabalho"), um gigantesco esquema que extinguiu e substituiu os sindicatos operários, organizado pelo químico nazista Robert

Ley. Um inegável oportunismo o fez encampar o projeto de Porsche, a mando de Hitler. As verbas públicas açambarcadas pela DAF financiariam o Volksauto a um preço fictício, mas sedutoramente acessível à população.

A verdade é que o carro do povo, sonho de Ferdinand Porsche, estava sendo pesadamente usado como mais uma peça da propaganda populista. Inicialmente, os nazistas recusaram-se a pagar pelo projeto do conversível, alegando que isso não cabia a uma empresa pública, que deveria fabricar carros populares e não se dedicar a modelos de luxo. O máximo que Porsche conseguiu foi incluir no programa oficial de construção um sedã com um imenso teto solar, com a função prática de aliviar o inclemente verão alemão.

Porsche, Bodo Lafferentz, Göering, Ley e outros militares admiram o Kabriolett

Embora a diretoria da KdF, à frente dos negócios com o carro do povo, tenha se oposto ao conversível, nada pareceu mais natural aos nazistas – que sabiam tudo de propaganda – que, durante a cerimônia de lançamento da pedra fundamental da fábrica do Volkswagen, em 26 de maio de 1938, o conversível KdF-Wagen fosse transformado em personagem de honra. Há muitas fotos de Hitler nesse carro, tiradas por seu fotógrafo oficial, Heinrich Hoffmann, na inauguração da fábrica. Tudo indica, também, que a fabricação do primeiro conversível tenha sido comissionada à Karmann, em Osnabrück, pois é fato que nenhum dos conversíveis foi feito na KdF. Em função da guerra, a fábrica fez cerca de seiscentos carros KdF apenas para chefes nazistas. Mas o conflito gerou o primeiro derivado do Volkswagen: a versão militar, chamada de Kübelsitzwagen, ou Kübelwagen. A ideia de um derivado do Volkswagen deu muitos frutos, entre os quais, o Karmann-Ghia.

O Kübelwagen

Depois da guerra, a fábrica da Volkswagen ficou semidestruída. Pelo fato de terem perdido boa parte do telhado, as instalações físicas pareciam escombros. A fábrica foi localizada pelos aliados apenas no final do conflito, em torno de 1944. Sofrera bombardeios, muitos deles malsucedidos. A usina termelétrica foi poupada por um golpe de sorte. Boa parte do maquinário permaneceu intacta, protegida nos subterrâneos ou transportada para locais próximos.

A Volkswagen, além de ser a maior fábrica de automóveis do continente europeu, era a única que tinha condições de ser colocada em marcha, algo que os militares americanos – e logo depois os ingleses – perceberam. Inicialmente transformada em uma imensa oficina para reformar veículos militares aliados e manter o transporte policial e médico em terra invadida, conquistou, pela qualidade de seus produtos, a simpatia dos oficiais do governo de ocupação britânica. E tudo indica que a proverbial paixão dos ingleses por carros esporte tenha mantido viva a ideia de um Volkswagen esportivo.

O conversível que impulsionou a Karmann

Depois do final do conflito e da rendição formal dos alemães, os aliados instalaram na Alemanha uma comissão de controle que dividiu o país em quatro zonas: americana, inglesa, francesa e russa. A Baixa Saxônia, onde se localizavam a Karmann e a fábrica do Volkswagen, ficou na zona inglesa.

Como quase todas as indústrias alemãs, a Karmann utilizava mão de obra escrava, composta principalmente de ucranianos. Poucas horas depois da chegada das forças de ocupação britânicas, estes abandonaram a cidade, preferindo a condição de refugiados, que lhes possibilitaria voltar para casa. A industriosidade dos alemães e sua fantástica capacidade de enfrentar a adversidade operaram verdadeiros milagres, e a Karmann logo começou a consertar veículos ingleses quebrados, além de equipar os carros ingleses da marca Humber, os preferidos dos comandantes militares, com chapas metálicas dos Adler que haviam sobrado intactas. Sobre chassi Hanomag, fabricaram-se pequenos guinchos e veículos tipo camburão para os ingleses, que precisavam desesperadamente de transporte para as forças policiais.

Sobre chassi Hanomag, a Karmann fabricou pequenos veículos que faziam serviços diversos como camburão e picape no final da Segunda Guerra Mundial

Wilhelm Karmann já tinha a experiência de sair dignamente de um conflito mundial, mas daquela vez as coisas seriam muito diferentes. Desentendeu-se com as forças de ocupação e foi destituído da direção da fábrica em janeiro de 1946. Voltou em dezembro, bastante animado, e retomou o

A fábrica da Karmann de Osnabrück após um bombardeio na Segunda Guerra Mundial

contato com a Adler em 1947, com pagamento na forma de escambo: alguns conversíveis em troca de cinquenta bicicletas, bem cobiçadas em uma época em que as pessoas simplesmente não tinham mais nenhuma condição de transporte, pois os serviços públicos estavam destroçados. No entanto, a diretoria da Adler resolveu que não era mais viável fazer automóveis e passou a se dedicar apenas a máquinas de escritório e bicicletas.

A Karmann fazia de tudo: cadeiras metálicas dobráveis, talheres e outros artefatos, enfrentando com sucesso a difícil situação do pós-guerra. Em 1946, o coronel da força de ocupação inglesa responsável pela fábrica designou o major Ivan Hirst para cuidar do dia a dia da manufatura do Volkswagen, mas ele tinha pouca experiência na produção automobilística. Depois de algumas tentativas frustradas, conseguiu um substituto alemão para levar a fábrica da Volkswagen adiante: Heinrich Nordhoff, engenheiro e administrador muito respeitado e eficiente, que trabalhara na fábrica de caminhões da Opel, em Brandemburgo.

Nordhoff mostrou-se importante tanto para a Volkswagen quanto para o futuro Karmann-Ghia. Instado pelo major Hirst, Nordhoff tomou o volante de um exemplar do Fusca pela primeira vez na vida, e aconteceu o que sempre acontecia – apesar de suas reservas anteriores, ele também se apaixonou pelo carro: "Este produto tem caráter!", exclamou. No dia 1º de janeiro de 1948, Heinrich "Heinz" Nordhoff assumiu a direção da fábrica e mergulhou fundo na saga da Volkswagen. Nessa época, apareciam na Volkswagen muitos fornecedores interessados em usufruir da fábrica. Um deles era Josef Hebmüller Sohn, que herdara do pai uma fábrica em Elberfeld que inicialmente fazia carruagens e carroças. Hebmüller propôs uma carroceria barata e prática para as forças policiais do nascente Estado alemão: um Fusca con-

No alto: o Hebmüller 1949. Acima: o interior do Hebmüller (à esquerda) e o incêndio na fábrica (à direita)

versível com quatro portas de lona, que tornavam a entrada e a saída muito mais fáceis do que no sedã convencional.

Durante a demonstração do protótipo do carro policial, feita pessoalmente por Hebmüller para os técnicos da Volkswagen, Nordhoff comentou que pretendia oferecer para clientes mais abastados um Volkswagen que lhes proporcionasse recreação e prazer, e que ao mesmo tempo constituísse uma ótima fonte de lucro por unidade. Não seria exatamente um Volkswagen; talvez fosse melhor chamá-lo de Elitenwagen (carro das elites).

Entusiasmado, Hebmüller preparou rapidamente três protótipos de um modelo especial de um conversível de dois lugares sobre chassi Volkswagen. Em fevereiro de 1949, Hebmüller recebeu uma encomenda de 2 mil unidades do pequeno conversível, que assim entrou no programa oficial da Volkswagen, o que permitiu, junto aos modelos de polícia, a sobrevivência da velha empresa.

Pouquíssimas pessoas se dedicariam a lazer e recreação nos anos seguintes à Segunda Guerra Mundial, e, assim como Hebmüller, a Karmann também estava interessada em fornecer para a Volkswagen. Ainda em 1948, na longa fila de industriais que procuravam o diretor-superintendente Nordhoff, estava o já idoso Wilhelm Karmann, com seus 84 anos de idade. Ele tentava se aproximar da empresa desde 1946, mas havia sido malsucedido, pois na mesma época acabou perdendo por alguns meses a direção da própria fábrica. Após conseguir uma autorização especial, Karmann comprou um sedã, não para usá-lo como veículo de transporte, mas para transformá-lo em um conversível com desenho praticamente idêntico ao original de Ferdinand Porsche, com o qual foram presenteados os mais altos figurões do regime na época da cerimônia da pedra fundamental da fábrica da Volkswagen. O modelo de Wilhelm Karmann tinha quatro lugares e uma enorme capota, que, quando abaixada, impedia a visão traseira, além de acabamento bicolor impecável, quase comparável ao conversível Hebmüller.

Em sentido horário, a partir do alto, à esquerda: o protótipo de 1936 da série V2 foi o primeiro Volkswagen conversível; o primeiro Volkswagem conversível, fabricado em 1938 pela Karmann; o protótipo do conversível construído pela Karmann; o primeiro veículo produzido em série.

Nordhoff foi reticente com Wilhelm Karmann. Ele já usufruía de uma boa experiência de colaboração com Hebmüller. A situação política de Karmann ainda não era muito clara, e Nordhoff ainda tinha certo temor de problemas com as autoridades de ocupação. Mas, no final de 1949, o persistente Karmann assumiu o controle da fábrica de carrocerias Ambi-Budd, de Berlim Oriental, que nos anos de guerra fornecera à Volkswagen, por via férrea, as carrocerias do Kübelwagen e do Schwimmwagen; ele tentou mais uma vez entrar em contato com Nordhoff. De modo surpreendente para uma pessoa tão austera, que fabrica um carro austero em tempos austeros, no dia 1º de julho de 1949, data do lançamento do Volkswagen sedã modelo exportação, Nordhoff assinou uma encomenda de mil unidades para a Karmann.

Vinte e poucos dias depois, ocorreu um incêndio na Hebmüller. Com boa vontade, Wilhelm Karmann completou em sua fábrica um número razoável de Hebmüllers conversíveis de dois lugares, ou seja, colaborou com o competidor nos primeiros meses após o incêndio. Nordhoff ainda esperou alguns meses, mas em setembro de 1949 tornou-se evidente que Hebmüller não poderia levar adiante o contrato. A Karmann conseguiu completar os 2 mil carros já em abril de 1950. Nordhoff acrescentou à encomenda inicial mais 4 mil unidades.

Quando Karmann conseguiu fabricar mais de 3 mil Volkswagens Karmann Kabriolett de altíssima qualidade, foi procurado por Carl Hahn, da fábrica do DKW. Aproveitando a experiência com o Kabriolett, Karmann executou um desenho considerado harmonioso, que lhe rendeu uma nova aventura de 5 mil carros, para a qual precisou adquirir um hangar construído pelos ingleses, agora em desuso.

Alguns consideravam o modelo de Karmann menos harmonioso que o de Hebmüller, principalmente quando estava com a capota aberta, que se projetava demais para fora da carroceria. No entanto, isso o tornava um carro muito mais útil, pois permitia que tivesse quatro lugares. Tratava-se de um carro mais de turismo que de trabalho, extremamente divertido para quem o dirigisse ou possuísse. Virou um carro da moda que não saiu da moda: celebridades da alta-costura logo o adotaram! Yves Saint Laurent e Pierre Cardin foram os primeiros.

Em sentido horário, a partir do alto, à esquerda: o protótipo do Karmann conversível; a primeira publicidade, de 1951, que não trazia o nome Volkswagen; outra publicidade, ainda de 1951, já com o logo da Volkswagen

Nessa época, a antiga tática de aproveitar tudo que fosse possível transformou a fábrica da Karmann numa miscelânea: havia ali restos de guerra, prensas de várias origens, energia a vapor – e nada menos que quatro modelos de carros, especialmente preparados para o Salão de Frankfurt, em março de 1951, evento que marcou a ressurreição da indústria alemã. O Fusca conversível, por sua vez, tinha encomendas em número muito superior à capacidade de produzi-los. Como uma espécie de presente para o velho Wilhelm Karmann, Osnabrück nomeou-o "carro oficial" do "Príncipe do Carnaval", o passatempo predileto de Wilhelm Karmann.

Em 1952, às voltas com problemas com a fábrica, com os funcionários e com questões pessoais, Hebmüller faliu. Várias carrocerias estavam já montadas, e havia muitas peças estampadas prontas. Dos 2 mil carros prometidos, apenas 682 conversíveis foram entregues. A Karmann, então, assumiu a produção dos conversíveis da Hebmüller, junto com o desenho original do próprio Karmann. É possível que algo em torno de 72 Hebmüllers tenham sido completados em Osnabrück, mas não há cifras precisas. No mesmo ano, no dia 28 de setembro, morreu Wilhelm Karmann, certamente na paz de quem percebeu que contribuíra para que tudo estivesse melhor do que antes.

Capítulo 2

EM BUSCA DO ESPORTIVO CERTO

De cima para baixo: Wilhelm Karmann, pouco antes de faceler, discursando ao lado do 1000 kabriolett; o Ford Taunus conversível, a linha de montagem Karmann produzindo o DKW e o Lloyd

Os novos contratos conseguidos pela Karmann no início dos anos 1950 também haviam sido obra de um aprendiz da empresa, um *trainee*, como se diz hoje: o filho de Karmann, Wilhelm Karmann Jr., que nasceu em 1914. Com formação privilegiada, não desperdiçou as oportunidades. Depois de estagiar na fábrica do pai, aos 19 anos, trabalhou na Fiat alemã, coligada da NSU, subsidiária da empresa italiana, bastante bem-sucedida na época. Estudou técnicas de construção de carrocerias em Berlim e passou dois anos na Ambi-Budd, complementando a formação. Após a Segunda Guerra, ficou cativo dos americanos, que o soltaram em 1945. Seu primeiro trabalho no pós-guerra foi justamente o conversível Volkswagen. Também colaborou na fabricação de carrocerias da perua e do furgão Ford Taunus 12M, lançados em 1952, depois do conversível e ao mesmo tempo que o DKW Kabriolett, nas versões de dois e três cilindros.

Em 1953, a Karmann produzia veículos comerciais leves para a Ford sobre chassis Taunus e fornecia painéis metálicos já prensados para empresas pequenas, como a Lloyd; médias, como a Citroën; e gigantes, como a Fiat. O pós-guerra inviabilizou a produção de quase todos os grandes fabricantes de carrocerias, pois mais e mais empresas automobilísticas tinham seu próprio pavilhão de prensagem.

Nessa época, Karmann Jr. não poderia sequer sonhar que estava diante de um conceito vencedor. O Volkswagen Karmann Kabriolett passou a ser um cult car, um "clássico instantâneo". Além dos estilistas de moda, outras personalidades, como Brigitte Bardot, diziam que o carro era *trés chic*. Com isso, o conversível obteve um passaporte para a fama. O conceito de um carro de lazer mais caro estava firmado. Continuamente modificado segundo os melhoramentos do sedã, ele se tornou o conversível mais popular do mundo, com 331.847 unidades comercializadas entre 1949 e 1980. Seu sucesso foi semelhante ao do próprio Fusca. No mercado atual de clássicos, ele vale quatro vezes mais que um sedã da mesma época.

O Karmann tornou-se o conversível mais popular do mundo em sua época, firmando o conceito de carros de lazer mais caros. Na foto, o último e mais aperfeiçoado modelo, o 1303.

Wilhelm Karmann Jr. estava muito entusiasmado com as encomendas do Volkswagen Kabriolett, mas sabia que o contrato sozinho não poderia garantir o futuro da companhia. As condições duras, porém menos desfavoráveis, da Alemanha e da Volkswagen determinaram que a história posterior da Karmann tenha sido de crescimento vertiginoso. Porém, diferentemente do início da Volkswagen, que começou sem concorrência, durante pelo menos três anos a Karmann enfrentou competidores muito sérios.

Nordhoff continuava a receber uma procissão de proponentes de novos veículos, e quase todas as ideias se constituíam de carros esportivos que pudessem ser agregados à linha Volkswagen com o

O Karmann Kabriolett em ilustrações de 1953 e 1956. Para efeito de publicidade, o desenhista exagerou as proporções

apoio da fábrica. Para mostrar o seu projeto, Karmann Jr. marcou uma entrevista com Karl Feuereisen, diretor de vendas e pós-vendas e principal assessor de Heinz Nordhoff. Foi recebido por ele e pelo chefe de desenvolvimento de produtos, Ludwig Boehner. Feuereisen era um homem franco e educado, mas disse delicadamente para Wilhelm Karmann Jr. que o seu desenho era "horrível". Os alemães dominam a técnica e têm *know-how*, mas o estilo do novo projeto da Karmann só poderia ser descrito como "bolhoso", rechonchudo, gorducho, desequilibrado nas formas, uma mistura de elementos americanos e ingleses que estavam aparecendo nos modelos maiores da BMW e da Austin, de estética lamentável.

Passaram-se alguns meses, e Karmann Jr. voltou a insistir com outros desenhos, mas todos foram considerados desajeitados. Faltava-lhes bom gosto e originalidade. De 1951 a 1952, Heinz Nordhoff e equipe continuaram rejeitando os modelos, pois nenhum era realmente belo.

Karmann Jr. teve acesso a vários desenhos e protótipos de substitutos do Fusca, feitos pela Porsche, alguns com motores de menor cilindrada e outros feitos dentro da fábrica pelo engenheiro Ringel. Todos tiveram o mesmo destino: as gavetas do arquivo morto. Na entrevista concedida ao jornalista americano Jan P. Norbye, Karmann Jr. acabou revelando sua opinião: "É impossível fazer um carro realmente belo sobre um chassi de dimensões tão quadradas como é o do Volkswagen". Ele herdara do pai o bom humor e a persistência. Algumas pessoas enfrentam as adversidades como desafios; outras usam-nas como justificativa para desistir. Embora não soubesse mais o que poderia fazer, decidiu aguardar: o tempo poderia lhe dar uma saída. Que viria da Itália.

A solução estava na Itália

Wilhelm Karmann Jr. conheceu, por intermédio de amigos na Borgward e na BMW, o italiano Luigi Segre, da Carrozzeria Ghia, propriedade da viúva de Giacinto Ghia e do estilista Mario Boano. Os dois passaram a se encontrar em Salões do Automóvel pela Europa. Em uma entrevista feita por Norbye, revela-se que Karmann Jr. fez confidências a Segre. Aos resmungos, meio em alemão e meio em inglês, referiu-se à contínua rejeição de Nordhoff, de Feuereisen e do diretor comercial da Volkswagen a suas sugestões: "Não consegui vender mais nada à Volkswagen, embora as vendas do Kabriolett estejam indo muito bem. Nenhum projeto para Nordhoff". A conversa tomou um rumo meio estranho, e Segre tornou-se evasivo, um tanto contraditório, falante mas ao mesmo tempo muito misterioso. Karmann Jr. percebeu que Segre havia se empolgado com a possibilidade de obter algum tipo de contato com o maior fabricante de automóveis da Alemanha.

Luigi Segre, diretor da Carrozzeria Ghia: um temperamento excepcionalmente simpático e sedutor, "temperado" pela cultura e pelo modo de vida italianos

Nenhum deles poderia imaginar que a Volkswagen viria a se tornar um dos maiores fabricantes de veículos do mundo. Assim como Karmann Jr. não imaginava que desde 1950 Mario Boano idealizava um protótipo esportivo para a Volkswagen e para a Porsche. Luigi Segre sabia, o que explica o fato de ele ter desconversado após as confidências de Karmann Jr. Interessava a Segre manter-se próximo do único fornecedor – Karmann – que havia conseguido um contrato exclusivo, único no mundo, para fazer carros mais luxuosos para a Volkswagen. Não queria contradizer Karmann e ansiava por um contato com Nordhoff e sua equipe. Depois de alguns minutos de conversa, Luigi Segre garantiu que poderia desenhar um carro mais satisfatório para Karmann. Os dois fizeram um contrato "de gaveta", ressaltando apenas intenções; nele consta apenas a solicitação de um protótipo.

Anos depois, Segre revelou sua decisão de não contar para Karmann Jr. seus próprios projetos para a Chrysler, uma espécie de representante internacional da Volkswagen naqueles tempos. Nos anos 1990, Karmann Jr. afiançou a Jan P. Norbye que a intenção de Segre era deixar as condições do modo mais geral possível, mas jamais imaginara que ele *já tinha tudo pronto*. Outra fonte dessa história é Gian Paolo Boano, bastante ativo na empresa do pai, que disse que o pedido para Nordhoff datava de 1950 e que naquela época não havia nenhum protótipo em tamanho natural, apenas desenhos bastante avançados, que permitiriam construir o carro.

Wilhelm Karmann Jr. não fazia a menor ideia de que Mario Boano era o projetista da Ghia, e nem sequer sabia das verdadeiras atribuições de Segre. Até o final da vida pensou que seu amigo fosse estilista. Luigi Segre não perdia oportunidade de promover a própria imagem com intuitos comerciais. Na verdade, não é possível saber se o maior interesse dele era se promover ou promover o negócio. Ou ambos.

De qualquer maneira, a Karmann e a Ghia resolveram trabalhar juntas no projeto que lhes interessava, mas havia complicações. A Karmann se localizava em Osnabrück, e a Ghia, em Turim. Eram concorrentes no mercado do pós-guerra, que podia ser tudo menos fácil. Ambas se dedicavam ao desenvolvimento de protótipos, fabricação de carros e ferramentas. Karmann Jr. queria apenas uma coisa do amigo Luigi Segre: inspiração estilística que evitasse espalhafatos e satisfizesse ao gosto sisudo dos diretores da Volkswagen. Nisso Karmann estava errado: Nordhoff era muito informado sobre arte, principalmente sobre o barroco italiano, que nada tinha de sisudo. E Feuereisen estava muito acostumado a desenhos de vanguarda.

A Carrozzeria Ghia

A Carrozzeria Ghia foi fundada em Turim, na Itália, em 1915, por Giacinto Ghia, mais um dentre os profissionais chamados artigiani lamieri, cujo aprendizado vinha desde a era dos armeiros reais. No início, a empresa construía carros de carroceria leve e conquistou a fama com o Alfa Romeo 6C 1500, que ganhou a Mille Miglia de 1929. A Ghia desenhava também carrocerias especiais para a Alfa Romeo, Fiat e Lancia, sendo um de seus modelos mais famosos o Fiat 508 Balilla Sports Coupé de 1933. Em 1944, Giacinto faleceu. Antes de morrer, pediu a sua mulher que contratasse Mario Boano, que era o único em quem confiava para levar o negócio adiante. Outro amigo, Giorgio Alberti, juntou-se à empreitada.

Mario Felice Boano foi um dos mais talentosos estilistas italianos de todos os tempos. Em 1950, tinha pouco mais de 40 anos de idade. Diplomado no colégio técnico de San Carlo, trabalhara no Stabilimenti Farina de 1923 a 1935. A Farina, depois denominada Pininfarina, ainda é o padrão dos carrozzieri na Itália, e atualmente é a mais antiga empresa desse tipo, constituindo uma verdadeira dinastia. Dirigida pelo neto de Giuseppe Pinin Farina, foi responsável por desenhos automobilísticos que iam desde belíssimas carrocerias até componentes como amortecedores, capotas automáticas e muitos outros itens. Foi um excelente treino para Boano, que criou boa parte dos projetos que fizeram a fama do Stabilimenti Farina. Ele trabalhou para Viotti, Bertone, Ghia, Farina e Castagna de Milão, e em todas essas casas foi o responsável silencioso por seus melhores projetos.

Boano foi um dos que tentaram entrar na já enorme fila atrás do que se pensava ser a grande promessa, a fábrica do Volkswagen, dirigida por Heinz Nordhoff. Todos imaginavam, e alguns conheciam, seus projetos pessoais para construir uma carroceria esportiva com os componentes mecânicos do Volkswagen. Mas ele também não conseguiu nenhuma resposta positiva. Boano entrou em uma fila virtual de fornecedores de outros países que não obtinham resposta, na qual estava, por exemplo, José de BastosThompson, do Brasil. Mario Boano era mais artista que comerciante, e, como as finanças da Ghia não iam muito bem, a empresa atraiu a atenção de um homem de negócios com queda por estética: Luigi Segre.

Francesco Scaglione, um dos mais talentosos estilistas automobilísticos italianos

Poucos tinham contratos de trabalho no pós-guerra, e essa era uma verdade dura no mundo dos carrozzieri. Nessa época, ainda que irregularmente, muitos estilistas participavam dos trabalhos da Ghia, e um deles, Francesco Scaglione, chamado de Franco, era o mais talentoso. Originário de uma família florentina nobre e rica, filho de um médico do exército, estudou matemática. Durante a guerra, passou pela Iugoslávia e depois pela África. Boa parte do exército italiano nesse continente foi rendido pelos britânicos, que encaminhavam os soldados para campos de prisioneiros na Índia, onde Scaglione morou de 1941 a 1946. Ao voltar, ele viajou como um nômade para Bolonha, Fiesole e Turim, sem se fixar. É visível que os traços de Boano sofreram modificações na época em que Scaglione frequentou a Ghia, tornando-se mais leves e proporcionais. Uma série de proporções presentes nos carros desses anos vão se distribuir, como se viessem de uma mesma árvore genealógica, por muitos projetos futuros da Ghia.

Quando Wilhelm Karmann Jr. e Luigi Segre começaram a conversar, Franco Scaglione abandonou a Ghia. Aparentemente, não havia mais lugar para ele na empresa. Por indicação de Mario Boano, Scaglione foi trabalhar com Nuccio Bertone, que fora seu patrão no pré-guerra, e ficou por lá até 1959. Ele desenvolveu suas ideias básicas no aerodinâmico Alfa Giulia Sprint, também chamado de B.A.T. – Berlinetta Aerodinamica Tecnica.

Sob nova direção, a Ghia fazia carrocerias muito inspiradas nas linhas americanas, depreciadas por outros estilistas do Piemonte por causa de seu desequilíbrio e da sensação visual de peso. No entanto, elas tinham a vantagem de vender bem. Os desenhos americanos da época exercem um fascínio quase irresistível no mundo do design. Mas Boano almejava outras coisas. Produziu, a partir de 1949, alguns dos desenhos mais harmoniosos jamais idealizados, quase todos para a Alfa Romeo, sobre o chassi do 6C, de 1938.

Outro importante designer ligado à Ghia foi Virgil Exner. Nascido em 1909, nos Estados Unidos, havia se formado na grande escola de estilo automobilístico americano da época, o Art & Colour Studio, fundada por Harley Earl. Não gostava de ser chamado de Virgil, pois o nome lhe parecia feminino, e fazia questão do apelido, "Ex". Trabalhou na General Motors e depois com Raymond Loewy por onze anos, que é considerado o pai do desenho industrial do século XX (seu escritório de design criou produtos que revolucionaram a publicidade: o maço dos cigarros Lucky Strike, a garrafa da Coca-Cola, o isqueiro Zippo, o logotipo da Shell e dos Correios americanos, além do desenho dos ônibus Greyhound, entre outros de uma lista infindável). Exner e Loewy tinham temperamento difícil. Exner foi trabalhar por conta própria e prestou serviços para a Studebaker. Em 1950, foi contratado pela Chrysler.

Segre e Exner desenvolveram uma boa amizade, que continuou depois do Karmann-Ghia e da Chrysler. Exner tinha um filho, Virgil Exner Junior, que seguiu a mesma carreira do pai, aperfeiçoada por um estágio na Itália. Nessa época, Boano estava terminando um desenho que se provaria fundamental na história do carro de turismo esportivo: o cupê Lancia Aurelia B20. O Lancia serviu como cartão de visitas para Segre mostrar seu potencial nos Estados Unidos, bem no momento em que Exner assumia a difícil tarefa de dar aos produtos Chrysler um estilo coerente com sua mecânica avançada e os gostos do mercado. O interesse

Virgil Exner

Harley Earl

Raymond Loewy

O Lancia Aurelia B20 (à esquerda) e o Plymouth XX-500 (à direita) influenciaram o design do Karmann-Ghia

no Lancia fez Segre produzir um modelo em escala ampliada, o XX-500, de quatro portas. Exner estava decidido a apresentar um "carro dos sonhos", que desse a impressão de poder ser vendido a qualquer momento. A era dos carros dos sonhos havia sido criada por Harley Earl, com quem Exner se iniciara na profissão. Segre e Boano queriam vender desenhos e carros, e conseguiram um contrato polpudo. Para Segre, o pagamento incluiu um Plymouth novinho e uma sociedade na Ghia.

Segre preferia fornecer carros completos, do projeto à execução, como no caso do XX-500, pois a Ghia não era apenas uma empreiteira. Exner, como seria de esperar, queria fazer os desenhos. A Ghia estava capacitada a fazer séries completas de carros, além de protótipos, segundo desenhos de quem quer que fosse. Era como se a Ghia alugasse seus artesãos para moldar formas desenhadas por outros. Mario Boano passou a ser um desses artesãos, enquanto Luigi Segre crescia na empresa. E as finanças continuavam em desordem. Boano acabou deixando a administração, as relações públicas e a área comercial da Ghia para Segre, que as assumiu alegremente.

A partir dos desenhos de Boano para a Alfa Romeo datados de 1950, que tinham para-lamas em forma de fuselagem de avião e grades verticais emolduradas, a Ghia começou a criar novos projetos para a Chrysler, com as mesmas soluções e proporções das colunas A (entre o final do para-brisas e a porta dianteira), B (entre a porta dianteira e a segunda porta ou a janela dos passageiros de trás) e C (entre a última janela, ou segunda porta, e o vidro traseiro). O primeiro deles se chamou Chrysler K310: um cupê com pintura bicolor, *ton sur ton.*

O Chrysler K310 tinha detalhes que denunciavam o estilo de Virgil Exner

Embora nos anos 1950 nenhum nome de estilista fosse mencionado, a partir de 1960 algumas fontes americanas passaram a dizer que os desenhos do Chrysler Ghia eram de Exner. O desempenho em estrada e as proporções eram gigantescos, e os painéis internos e externos ostentavam muitos cromados, um estilo tipicamente americano. Marcas registradas de Virgil Exner apareciam em alguns detalhes desses carros.

Muitos pensavam que os projetos seguiam de Detroit para Turim: Exner mandava-os para Segre, que apenas os executava. Como bom vendedor, Luigi Segre dizia que as coisas se passavam exatamente desse jeito, mas o caminho era, na maior parte das vezes, inverso: os desenhos de Boano seguiam da Itália para os Estados Unidos, para que fossem aprovados por Exner e por seus chefes. A não ser por detalhes como lanternas traseiras "flutuantes", em forma de motor de avião, os carros produzidos nessa fase não tinham praticamente nada daquilo que Exner fizera antes, tampouco do que faria depois.

O K-200 conversível, derivado do K310, teve vida curta: afundou no porto de Nova York antes de entrar nos Estados Unidos

Capítulo 3

A PATERNIDADE DO KARMANN-GHIA

Há muitas indicações de que Mario Boano tenha sido o desenhista do Karmann-Ghia. Seu "DNA" é visível no projeto, com toques da influência de Scaglione, principalmente na linha tripartida dos para-lamas e no capô dianteiro. Mas o sucesso tem muitos pais, e outros indivíduos, além de Luigi Segre, reivindicaram para a Ghia a assinatura do design do carro. A comprovação dos fatos é complicada pela existência de muitas versões, oficiais e não oficiais – e as versões oficiais são envoltas em segredos profissionais guardados pelos principais envolvidos.

Gian Paolo Boano, filho de Mario, bem poderia afirmar: "Meu pai desenhou o Karmann-Ghia". Mas a frase também caberia na boca de Virgil Exner Jr., que reivindica publicamente a autoria do projeto para seu pai, Virgil Exner. De fato, parece haver razões plausíveis para se acreditar que ele tenha desenhado o Karmann-Ghia, mas o fato de serem plausíveis não significa que sejam reais. Quando ainda estava vivo, Virgil Exner também reclamava para si a paternidade do carro, o que demonstra que já nos anos 1960 se colocava em questão a autoria do carro.

Ninguém jamais saberá com absoluta certeza se o Karmann-Ghia saiu da cabeça de Exner pai ou Boano pai. Todos os envolvidos no projeto estão mortos, assim como Charles C. Thomas, Charles Ladouche, Wilhelm Karmann Jr. e Karl Feuereisen, e as informações fornecidas a Wilhelm Karmann Jr. por Luigi Segre, que se tornaram a versão oficial da Karmann tanto em Osnabrück como na fábrica de São Bernardo do Campo, estavam necessariamente imbuídas da esperteza comercial de Segre e dos diretores dos escritórios de design. As versões oficiais – de empresas ou do mundo da política – podem ser indistinguíveis do folclore. A versão oficial da Karmann é a versão de Segre.

Investigações e evidências

Harald Gessner, presidente da Karmann-Ghia do Brasil, e Georg Maisch, seu principal auxiliar, foram peremptórios: "Foi Luigi Segre quem desenhou o Karmann-Ghia". E essa é a única versão que seguramente não corresponde à verdade histórica. Confrontei a opinião deles com minhas informações, e estas foram recebidas com surpresa genuína. Maisch acabou dizendo, em tom ligeiramente filosófico: "Bom, no mundo dos negócios, tudo é possível".

Exner pai conhecia Boano, e a relação entre os dois não parecia boa. Virgil Exner Jr., por sua vez, jamais conheceu Mario Boano, pois, quando ele estagiou na Ghia, em 1958, Boano e seu filho haviam saído da empresa. Exner Jr. atestava a sólida amizade entre seu pai e Luigi Segre, que lhe possibilitou a estadia na Itália. Segre era generoso e eficaz quando se tratava de arranjar estagiários.

Gian Paolo Boano, por sua vez, conheceu Exner pai e Segre. A história que contou ao jornalista Jan P. Norbye é mais rica e precisa que a história de Exner Jr., por ser baseada em experiências. A conclusão mais prudente, baseada nesses fatos, permitiria dizer que Mario Boano desenhou o Karmann-Ghia. Em função de sua atividade ser restrita ao mundo dos estilistas e de sua gradativa submissão aos desígnios de Luigi Segre, que se atribuía todos os desenhos criados na casa Ghia, para todos os efeitos práticos o *status* de Boano era o de um desconhecido.

Boano era um estilista coerente e Exner, contraditório, capaz de fazer carros belíssimos, como o já citado Studebaker e os Chryslers de 1955 a 1957, mas também capaz de perpetrar excessos cujo efeito estético era lamentável, como os modelos Impe-

Exner usou diversas soluções empregadas por Boano, como as grades do De Soto 1954 (ao lado) e do Chrysler 1960 (abaixo), além do para-brisa, das linhas do capô e dos para-lamas dos modelos de 1953 a 1955

Os projetos exclusivos de Exner, quase sem influência da Ghia, continham excessos estéticos

rial de 1959 a 1962, com seu rabo de peixe de mais de 1 m de comprimento e faróis "flutuantes". Por outro lado, as criações de Exner feitas entre 1954 e 1956 exibiam as mesmas proporções dos carros italianos especiais, como pode ser visto em detalhes do teto e da linha do para-brisa, por exemplo, o que contribuía enormemente para a "personalidade" desses veículos. Exner colocava alguns detalhes americanos nos projetos e, por muitos anos, utilizou diversas soluções de Boano, como o perímetro das grades do De Soto Adventurer aplicado aos Chryslers de 1960.

Outra conclusão plausível e baseada em fatos é a de que, assim como acontecia com quase todos os protótipos preparados para indústrias diversas, o Karmann-Ghia foi desenvolvido na Carrozzeria Ghia simultaneamente ao Chrysler D'elegance. Essa era uma prática comum entre os carrozzieri. Mesmo quando uma indústria aprovava um desenho, alguns fabricantes não se importavam (ou não tinham escrúpulos) em submeter o mesmo desenho a outra empresa, providenciando modificações cosméticas, como as que podem ser vistas no Alfa Romeo Villa d'Este, no Fiat Gioiello, no Cisitalia e no Porsche-Ghia.

A conexão francesa

No processo de independência americana, americanos e franceses viveram um caso de amor. Havia interesses políticos, claro. A mesma tendência aumentou após a Segunda Guerra Mundial, quando americanos e ingleses fizeram um serviço de extinção do nazismo na Europa. A conexão ítalo-francesa-americana trouxe um personagem francês para esta história industrial um tanto intrincada: Charles Ladouche. Sem ele, dificilmente haveria o Karmann-Ghia. Negociante bem-sucedido, representava a Chrysler em Paris. Os Chryslers projetados pelos italianos fizeram tanto sucesso que Charles C. Thomas, alto diretor da Chrysler, decidiu iniciar seu próprio negócio: pequenas séries do Thomas Styling Special. Entre dez e quinhentos carros de cada série foram executados pela Ghia entre 1952 e 1953.

Ladouche e Thomas se tornaram amigos, e, não fosse o estímulo do ativo francês, Thomas não teria se arriscado a financiar os fascinantes carros de desenho italiano: Ladouche ofereceu sua rede de concessionárias Chrysler para vendê-los. Obter um automóvel com a melhor mecânica do mundo vestido com as melhores linhas era o sonho da elite da época, e os automóveis existentes concorriam com produtos projetados nos anos 1920 ou 1930. Ladouche, Thomas e Segre obtiveram da Chrysler grupos de motor-transmissão usados na série Imperial.

Um dos Thomas Special construídos na casa italiana Ghia se chamava D'elegance, escrito assim mesmo, sem respeitar as regras gramaticais francesas, com a letra *e* em minúscula (fazia-se de tudo para chamar a atenção dos prováveis clientes). Fabricado em uma pequena série – apenas dez unidades – financiada pessoalmente por Charles C. Thomas, o carro era imponente, de proporções enormes e beleza ímpar; além disso, era tão bem acabado e tinha um desempenho tal que toda a série foi vendida antes de a Ghia conseguir terminá-la.

O Chrysler D'elegance: suas linhas mostram notável semelhança com as do futuro Karmann-Ghia. As lanternas traseiras flutuantes e outros *gadgets* eram detalhes de Exner, mas todo o resto foi projetado por Boano

O nome D'elegance foi trocado por GS1 – Grand Sport 1. Foram fabricadas quatrocentas unidades de 1952 até 1954. A semelhança das linhas deste carro, projetado em 1953, com as do futuro Karmann-Ghia é notável. Boa parte dos artigos de revistas nacionais e estrangeiras afirmava que o Karmann-Ghia era apenas a cópia reduzida do Chrysler Thomas D'elegance. Para chegar a essa conclusão, os autores se baseavam em um fato real: o Chrysler foi apresentado à imprensa em 1953 e o Karmann-Ghia em 1955.

O D'elegance, ou GS1, tinha motor V-8 superquadrado com câmaras de combustão hemisféricas e, do ponto de vista estético, ditava tendências que se somavam à mania por *gadgets* e *gimmicks*, sem outra função a não ser atrair e divertir (algumas) pessoas, algo típico dos americanos. Uma delas era a moldura aplicada sobre a tampa do porta-malas, toda decorada com frisos cromados, traindo a presença do pneu estepe, que era ejetado ao se acionar uma fechadura. Detalhes como esse foram criados por Exner. O D'elegance reproduzia os para-lamas dianteiros, traseiros e um fastback quase três-volumes, com área envidraçada realmente igual àquela que haveria no Karmann-Ghia e nos desenhos de Boano e Scaglione para a Alfa Romeo.

É inegável que as linhas do Karmann-Ghia tinham muitos pontos em comum com vários carros que Mario Boano estava fazendo desde 1950 para outras fábricas, com ou sem contrato, inclusive o projeto para o chassi Volkswagen. Uma dessas fábricas era a Porsche! Como Heinrich Nordhoff sequer respondia a Boano, este acabou conseguindo, por via indireta, um chassi Porsche danificado para construir o Porsche-Ghia, exposto no Salão de Turim de 1953.

O Porsche-Ghia, projeto de Mario Boano: inegável influência nas linhas do Karmann-Ghia 1953

O carro de Ladouche

Sergio Coggiola era estagiário da Ghia e acabou sendo empregado por Segre. Conhecido por manter com ele relações pessoais muito amigáveis, afiançadas por Márcio Piancastelli e Tom Tjaarda, Coggiola relatou diversos eventos que se deram a partir da entrada de Charles Ladouche no projeto do esportivo que viria a ser o futuro Karmann-Ghia.

Ainda em 1952, Mario Boano teria inquirido Luigi Segre sobre a possibilidade de conseguir um chassi Volkswagen para desenvolver seu esportivo, pois lá se iam três anos de pedidos infrutíferos para a empresa alemã. Segre havia sido admitido como sócio justamente para intervir em questões dessa natureza. Nesse momento ele mostrou a Boano a carta que escondia na manga: "Já tenho um contrato com a Karmann". Boano não teria ficado nada satisfeito, pois imaginava que a autorização deveria ter vindo diretamente da Volkswagen. Confabularam bastante, e Luigi Segre tentou acalmar seu exigente desenhista e sócio, entrando em contato com Charles Ladouche e solicitando um

Volkswagen sedã. Mais uma vez, algo ocorreu sem que Wilhelm Karmann Jr. soubesse ou sequer suspeitasse. A lógica de Segre era irretorquível: já que não era possível conseguir com a Volkswagen, por que não com um revendedor?

Em março de 1953, Ladouche telegrafou para Segre: "Volkswagen 1952 tipo exportação. Pegar em Paris". Gian Paolo Boano, filho de Mario, aboletou-se no primeiro trem disponível com destino à capital francesa, onde ficaria por várias semanas. Ali ele descobriu a impossibilidade de reexportar um carro importado; precisaria contar com a sorte. O Volkswagen foi barrado na aduana da Itália e liberado depois de medidas "pouco ortodoxas" (ele não relata quais). Assim, um Volkswagen 1952 com placa francesa entrou na Itália sem nenhuma documentação.

Outra testemunha que entrevistei, o senhor Nicola Frigeri, começou a trabalhar na Ghia em 1957, vindo da Pininfarina, e foi enviado ao Brasil junto com mais quatro colegas – Ettore, Segundo, Michelle e Romeo – para implantar o setor de acabamento interno e tapeçaria da Karmann-Ghia do Brasil. Seus amigos retornaram, mas ele ficou por aqui, como muitos estrangeiros. Em 1992, ainda trabalhando na Karmann-Ghia do Brasil, relatou em português bastante italianizado – por vezes, quando a memória ficava mais vívida, em italiano – ter conversado com Ettore, que presenciara a chegada do sedãzinho em Turim, cercada de enorme interesse e ansiedade. "Era dirigido *per il figlio di Boano, un bello ragazzo.*" Ettore gostava de falar da rapidez com que os profissionais italianos desmontaram o sedã e montaram o novo carro; os dois, sempre que viam um Volkswagen, trocavam divertidamente suas opiniões estéticas, de um modo um tanto filosófico: "*Forse meglio... perché la macchina tedesca era una cosa horribile!*" Ou seja, talvez fosse melhor, porque o carro alemão era uma coisa horrorosa.

Para um "detetive" que queria descobrir a paternidade do Karmann-Ghia, esses dados eram importantes. Como seria possível montar um carro tão complicado, de modo tão rápido, sem ter um plano? Pode-se ver o interesse no negócio: os Volkswagens eram veículos caros em sua classe, encarecidos ainda mais pelas barreiras aduaneiras, tanto na França como na Itália. Mesmo assim, a casa Ghia, que de modo algum possuía situação financeira estável, investiu, comprometendo-se a comprar um carro inteiro para desenvolver um esportivo com chassi Volkswagen.

Capítulo 4

NASCE UM NOVO CARRO

Em setembro de 1953, era alta a prioridade na Ghia para fazer o "Volkswagen esportivo", e toda a equipe trabalhava em tempo integral. Em cinco meses apenas, materializou-se um protótipo emocionante. Ele não foi levado aos vários Salões do Automóvel, nem mesmo ao de Turim, no qual a indústria de carrocerias especiais mostrava produtos incompletos. Do mesmo modo, não houve nenhum vazamento para profissionais da imprensa, que forneciam uma espécie de "transfusão de sangue" para a vida desse setor econômico. Todo esse segredo poderia estar relacionado ao contrato com a Chrysler e à apresentação do Porsche-Ghia.

O D'elegance havia obtido tantos aplausos que a Ghia já estava construindo-o em série. Como a Ghia tinha fama de fazer apenas projetos exclusivos, apresentar a miniatura de um carro exclusivo não traria nada de bom a um contrato já firmado. Luigi Segre tinha apenas a promessa de um contrato com a Karmann. No caso da Chrysler e de Charles C. Thomas, individualmente, já ocorria o pagamento pelos serviços. Se o "Volkswagen esportivo" pudesse ser aprovado, Segre estava seguro de que seria necessário um tempo razoável para construí-lo em série. O impacto, assim como as vendas do D'elegance, seriam coisa do passado. Essa atitude comercial funcionou, e apenas aqueles poucos da alta sociedade ou os entendidos em carros italianos, que conheciam modelos de série limitada, se lembrariam do Chrysler D'elegance, pois o "Volkswagen esportivo" iria atingir uma faixa de mercado diversa. Como disse um autor, J. D. Scheel, o Karmann-Ghia era um carro de trabalho que vestia uma roupa de domingo. Outros diziam que era o Volkswagen de fraque. Para quem tinha um D'elegance, todo dia era domingo e dia de vestir fraque. Outros projetos da Ghia, que a manteriam ocupada até 1957, prosseguiam.

Assim que o Volkswagen esportivo ficou pronto, Gian Paolo Boano foi encarregado de levá-lo de volta a Paris. Ele não iria dirigir o carro, que foi escondido dentro de um caminhão fechado. Um veículo de carroceria nunca vista, sem documentos legais, dentro de um caminhão? Podemos imaginar a dificuldade dos agentes aduaneiros – agora da França – para entender o caso. Mas o carro era tão impressionante que foi fácil convencê-los a deixar o "bólido" passar. E assim ele chegou à agência Chrysler-Volkswagen de Charles Ladouche.

O encontro de Karmann
com o belo

Wilhelm Karmann Jr. preparava-se para a viagem que o levaria ao Salão do Automóvel de Genebra. Em agosto, recebeu um telefonema e reconheceu a voz de Luigi Segre: "Será que o senhor poderia dar uma passadinha na revenda Chrysler de Paris, depois de ir ao salão?" Karmann fica excitado: "É o Volkswagen?" "Sim", disse com secura o normalmente loquaz Segre. Karmann imaginava que ia ver desenhos, quem sabe maquetes? Tinha a certeza de que seria um conversível. Seria um roadster de dois lugares? Mas o que viu, ao chegar à revenda de Ladouche, foi um cupê estonteante de tão belo. Podia levar mais de duas pessoas. E era um protótipo prontinho, que andava.

A rapidez de Segre em mostrar o carro para Karmann, o fato de ser um cupê, e não um conversível ou roadster, como pretendiam os diretores da Volkswagen, sugerem que o projeto do carro já estava pronto na Ghia. E estava mesmo, havia três anos! Deve ter sido divertido para Segre ficar bem quietinho enquanto Wilhelm Karmann Jr. lhe contava suas agruras com a Volkswagen. Já tinha uma carta marcada "no bolso do colete".

Karmann comprou o carro no ato, sem mesmo saber o preço. Levou-o para Osnabrück e rapidamente telefonou para o todo-poderoso Feuereisen, da Volkswagen, que mantinha inspeções regulares na Karmann para acompanhar a fabricação do Kabriolett. "Doutor Feuereisen, o senhor poderia trazer o senhor Nordhoff na próxima visita?"

Os técnicos da Karmann analisaram medidas, constataram problemas na montagem do chassi e calcularam os custos de produção e de ferramental. O carro teria de ser feito com pequenas prensas, para moldar em partes todas as curvas compostas da carroceria. Luigi Segre preferia ficar com todas as fases da confecção do carro, mas Karmann queria apenas o desenho, para cuidar, ele mesmo, da montagem. Os dois se irmanavam no fascínio pelo veículo. Refizeram os cálculos para incluir o preço a ser pago pelo protótipo sem ter sequer um contrato com Nordhoff! Tinham lá seus segredinhos. "Foi uma aposta. Eu poderia ter perdido todo o dinheiro gasto na Ghia e no trabalho posterior, que incluía o transporte e o minucioso cálculo de custos."

Mario Boano continuava com um interesse todo especial pelo "Volkswagen esportivo", mas Segre não o mantinha informado sobre a resposta de Karmann. Boano, no entanto, não iria parar de criar só porque não tinha uma resposta – estava no seu período mais prolífico. Acabara de desenhar um novo Chrysler comissionado pela fábrica: o DeSoto Adventurer. Talvez esse seja o desenho mais bem proporcionado e fascinante de Boano, um desenvolvimento do Alfa Romeo 6C 2500 Freccia d'Oro. Podemos imaginar como teria sido um Karmann-Ghia inspirado por esse projeto.

A Volkswagen conhece seu futuro esportivo

Toldos por todos os lados, entrada guardada por vigias. Nordhoff e Feuereisen circulavam pela fábrica, ainda que respeitosamente, como os próprios donos, por eles conduzidos. São poucos minutos de inspeção: em torno e no interior do carro. Nordhoff mantém-se em silêncio. Só falava depois de saber a opinião de Feuereisen. Feuereisen murmurou para si mesmo, sem esconder a surpresa: "Este carro tem classe!" Nordhoff olhou para Feuereisen: o chefe de vendas fez um meneio quase imperceptível com a cabeça. Toda vez que Nordhoff

O protótipo que emocionou Karmann, Nordhoff e Feuereisen: lanternas traseiras mínimas e incoerentes com o desenho, frestas esportivas de ventilação do motor, para-choques vestigiais e tubos de escapamento centrais

sentia uma dúvida, olhava para Feuereisen, que sempre achava uma resposta adequada, embora geralmente só Nordhoff a alcançasse: os dois se entendiam sem trocar uma palavra. Tinha o sinal verde do seu principal assessor. Nordhoff exclama: "Tenho de admitir. O carro é mesmo muito bonito. Mas é muito caro". Karmann Jr., que estava apenas se regozijando, retruca: "Mas eu nem disse quanto custa!" E Nordhoff: "Mas é muito caro. Dá para ver".

O protótipo tinha proporções quase perfeitas. Apenas alguns detalhes foram modificados, para dar-lhe um aspecto um pouco menos esportivo: a grade traseira foi eliminada e as frestas de ventilação foram diminuídas

Nordhoff, negociante consumado, começou pressionando. Agora era o pessoal da casa Ghia que estava em suspense, já que a comunicação era lenta na época. Enquanto Wilhelm Karmann Jr. e Nordhoff tentavam acertar o preço, várias modificações não essenciais foram sendo executadas pelos técnicos de carroceria alemães, como no painel de instrumentos e no capô do motor, ao qual as múltiplas grelhas de ventilação acrescentavam um ar de carro de corrida, algo inadequado ao espírito boulevardier do Volkswagen esportivo. O para-choque do protótipo, feito em pequenas seções que jamais aguentariam a dura batalha diária do trânsito, foi substituído por uma reforçada barra cromada e alongada. Depois de quase um mês, Karmann e Nordhoff chegaram a um acordo financeiro, e as modificações para adaptar o carro à produção em série foram enviadas a Turim.

Que nome dar ao carro?

Que nome teria o carro? Wilhelm Karmann Jr. ficou em dúvida ao discutir com o pessoal da Volkswagen. Todos estavam pouco inclinados a aceitar os nomes de cidades italianas sugeridos por Segre e por Ladouche: Ascona, Corona e San Remo. O nome Ascona acabou sendo adotado pela Opel para um carro lançado no final dos anos 1970, que no Brasil se chamou Monza. As aliterações possíveis com San Remo poderiam arruinar o nome do carro. Todas as palavras italianas foram rejeitadas, pois o carro era alemão.

De repente, Wilhelm Karmann Jr. exclamou: "Que tal Karmann-Ghia?" Um dos nomes de fantasia mais felizes da história industrial estava nascendo! Era eufônico em qualquer idioma. O carro era genial, feito em uma fábrica de carros geniais, e agora tinha um nome genial. No entanto, a despeito da unanimidade inicial, por alguma razão o nome oficial não foi adequadamente divulgado, e alguns se confundiram. Em 1956, uma prestigiosa revista americana, a *Road & Track*, insistia em chamar o carro de Ghia-Karmann! Também era necessário atribuir um nome de fábrica interno, que se consolidou como Volkswagen Tipo 14.

Antes de começar a ser produzido em série, Mario Boano percebeu aquela desproporção estética, depois assinalada por Karmann, no chassi alongado do Volkswagen. A solução era simples, dado o método construtivo e o projeto do Volkswagen: bastava alongar a plataforma. As barras de torção foram rebaixadas, e a coluna de direção foi posicionada com menos inclinação. O Karmann-Ghia receberia um filtro de ar semelhante ao da Kombi, com um duto sobre o carburador, ficando ao lado do motor, para que se pudesse manter a linha traseira rebaixada. Existem relatos de que o protótipo chegou a ter dois carburadores, mas Nordhoff era terminantemente contra qualquer modificação na mecânica que pudesse diminuir a durabilidade do carro; se o consumidor quisesse algo realmente esportivo, podia procurar o Porsche. Além disso, julgava que o desempenho do Volkswagen era adequado: "Que pessoa responsável iria ultrapassar os 100 km/h? Só para gastar combustível?", costumava desconversar.

As grelhas de ventilação do protótipo, que povoavam o capô traseiro em sentido longitudinal, dispostas em quatro filas, foram substituídas por uma série transversal. Por limitações da Karmann na época, que não dispunha de prensas realmente grandes, o carro era constituído de muitas partes, que então

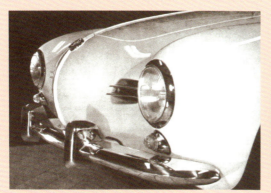 

À esquerda: uma das alterações do projeto foi a adoção das delicadas grades dianteiras, para auxiliar na ventilação da cabine. À direita: detalhe da lanterna dos modelos de 1955 a 1958

eram soldadas e lixadas à mão. Em todo caso, algumas das suaves curvas exigiam chapas de aço de tamanho limitado que pudessem ser soldadas e preenchidas por estanho, de modo que grandes prensas não eram totalmente necessárias. A maioria das peças eram retalhos, de moldagem inicial sob pequenas prensas de martelo, de menor impacto. Depois de dois anos, a Karmann acabou adquirindo grandes prensas – com o dinheiro auferido pelo Karmann-Ghia.

Os desdobramentos do projeto

A surpresa de Wilhelm Karmann Jr. pelo projeto inicial não ter sido o de um conversível foi compensada: as linhas do Karmann-Ghia se deram admiravelmente bem nesse tipo de carroceria. Observadores mais acurados logo descobriram a dificuldade do uso do chassi Volkswagen: um pouco mais longo no entre-eixos do que seria necessário e desejável para conseguir uma boa proporção; as rodas traseiras, pela extensão depois da coluna B e pelo batente traseiro da porta, ficavam mais atrás do que deveriam.

O primeiro modelo conversível do Karmann-Ghia, ainda sem as grades de ventilação da cabine

Em 1954, um ano depois de o projeto ter sido aprovado pela Volkswagen, a Karmann produziu seu primeiro protótipo do conversível. Ainda sem entradas de ar dianteiras, foi um trabalho inteiramente da Karmann, sem interferência da Ghia, o que provavelmente produziu a desproporção assinalada, muito típica dos conversíveis e cupês sobre chassis Volkswagen. Não chegou a ocorrer nenhum estrago, pelo respeito às linhas originais. A Karmann adicionou reforços à estrutura, outra coisa na qual era especialista.

Assim que a decisão a respeito da produção do Karmann-Ghia foi tomada, em 1952, tanto a Ghia como a Karmann começaram a pensar em algum substituto ou variação para o carro, embora a atitude da Volkswagen fosse radicalmente diferente. Ambas tinham bastante noção de como funcionava o mercado automobilístico, no qual é necessário conseguir trabalho futuro. A obsolescência, mesmo não planejada, era real. Que automóvel poderia ficar indefinidamente no mercado? Nem mesmo em mercados não capitalistas, implantados naqueles anos, isso podia ocorrer. Ainda assim, quem poderia saber que o Karmann-Ghia teria vida útil de dezenove anos?

Na indústria automobilística, o "olho para o futuro" é o presente, mesmo que só ocorra para o público depois de três ou quatro anos. Mas Karmann tropeçou no inevitável: Mario Boano e Gian Paolo Boano se desentenderam com Luigi Segre a respeito da contabilidade, do andamento dos negócios e do prestígio pessoal. Segre achava que podia vender o nome Ghia e a si mesmo, passando-se por estilista. Segre tinha opiniões sobre tudo. Boano não aceitava interferências em seu trabalho, embora reconhecesse o inegável "olho estético" de Luigi Segre, que decidiu, sabiamente, o futuro da Ghia: tudo dependia de um reforço na base industrial. Em termos mais gerais, havia um conflito arte *versus* comércio. Um achava que o outro não sobreviveria sem ele. Os dois antigos sócios achavam que as grandes empresas contratantes iriam escolher apenas um deles: Boano imaginava que o critério seria a criatividade técnico--artística, coisa que ele tinha "para dar e vender", mas seu comportamento era mais "para dar" do que "para vender". Segre apostou nos seus estoques pessoais de criatividade em interação social para fins comerciais. Afinal, eram dele os contratos assinados em nome da Ghia. Mario Boano se irritou ao saber que já havia gente interessada em ocupar seu lugar e sentiu-se traído. Segre sempre afirmou que isso não havia sido planejado, mas quem iria querer ficar com um caso pendente?

Em dezoito meses, o protótipo de produção do Karmann-Ghia ficou pronto, com o ferramental sendo feito a todo vapor na Karmann, com supervisão da Ghia. Mario e Gian Paulo Boano – que tinha 25 anos – não estariam presentes. Abriram seu próprio negócio, sob o nome Boano, em Grugliasco, a 9 km de Turim. Notabilizaram-se nos anos seguintes com vários projetos para a Alfa, a Ferrari, a Lancia e a Renault, e com alguns projetos para chassis americanos, inclusive para a Chrysler.

Luigi Segre, o sagaz, já tinha sócios capitalistas para comprar a parte de Boano, que ocupariam lugares na diretoria da Ghia, presidida por ele. Um dos sócios era o engenheiro Moretti, diretor da Officina Stampaggio, fabricante de instrumentos e engrenagens, inclusive transmissões, de Turim. Era uma empresa muito respeitada, com engenharia de alto nível. A Officina Stampaggio e a Ghia se juntaram e formaram a Officina Stampaggio Industriale (OSI). Depois da precoce morte de Segre, as empresas se separaram, voltando a ser concorrentes. A Ghia, então, cresceu bastante, adquirindo enormes prensas e seguindo o plano de Segre de alcançar capacidade industrial de produção em série de carros inteiros. Luigi Segre já intencionava fazer um carro completo para a Volkswagen, dispensando a "intermediação" da Karmann, mas, temeroso da reação de Wilhelm Karmann Jr., deixou essa ideia para depois.

Segre continuou contando com a "parte do leão": acumulava encomendas da Chrysler, da Karmann, da Alfa Romeo e agora da Volkswagen, além de várias outras empresas italianas e estrangeiras. Também contava com os desenhos deixados por Mario Boano para sucedâneos do Karmann-Ghia. Quase todos os técnicos que transformavam o projeto em um protótipo real continuaram na Ghia, em parte pelas características pessoais de Boano, mais difícil, em parte pelas de Segre, mais sedutor e simpático. Sempre assumindo riscos, Segre ordenou a construção de dois protótipos com soluções de Boano, que continuava se inspirando em alguns motivos de Harley Earl, logo fornecidos para outros clientes.

Dois protótipos para o sucessor do Karmann-Ghia: um sedã de teto elevado e espaço para quatro pessoas (acima) e um modelo com vidro panorâmico na vigia traseira costeando a coluna C (ao lado)

Um desses protótipos de sucessor do Karmann-Ghia, logo apresentado para a Volkswagen, tinha o vidro panorâmico na vigia traseira, costeando a coluna C, resultando em uma janela lateral traseira de perna invertida. Era um fastback com muitas frestas de ventilação no capô traseiro, parecido com o protótipo do próprio Karmann-Ghia, que tanta admiração tinha causado a Wilhelm Karmann Jr., a Feuereisen e a Nordhoff. O outro protótipo era de um sedã de teto elevado e espaço para quatro pessoas. Wilhelm Karmann Jr. aprovou os desenhos enquanto preparava o ferramental para o Karmann-Ghia original. O primeiro passo para um substituto, ou mesmo para um acréscimo ao Karmann-Ghia, revelava-se profético: missão impossível. A Volkswagen não gostou desses protótipos.

Novos estilistas para a Ghia

Luigi Segre tinha plena consciência de que ia enfrentar dificuldades: não tinha mais ideias, pois, com a saída de Boano, sua empresa estava destituída de grandes estilistas. Ligou para um amigo engenheiro formado pela Escola Politécnica de Turim, Giovanni Savonuzzi, que trabalhara na Fiat na década de 1930, e convidou-o (pelo telefone!) para dirigir o setor de engenharia de carrocerias. No entanto, Savonuzzi não parecia reunir as qualidades para o cargo. E por que havia sido convidado? Segre não dava ponto sem nó, e contratou alguém que havia trabalhado com alemães íntimos da Volkswagen, provavelmente como parte de seu projeto de substituir a Karmann. Na época do convite de Segre, Savonuzzi trabalhava em uma fábrica de plásticos. A escolha foi coroada de êxito: a dupla Segre (pela amizade com Exner) e Savonuzzi

Nasce um novo carro

(competente negociador) conseguiu os contratos do Dart e do Gilda com a Chrysler. Assim, o vácuo criado pela ausência de Boano foi imediatamente – mas também provisoriamente – ocupado por Exner, o estilista da Chrysler.

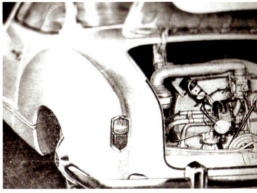

Em sentido horário, a partir do alto, à esquerda: o Karmann-Ghia de 1955; detalhe da lanterna traseira dos modelos de 1955 a 1958; detalhes do interior do Karmann-Ghia de 1955; comparativo entre os painéis dos Karmann-Ghias de 1955 e 1956

Na técnica italiana, o mock-up de madeira recebe chapas de metal, em geral alumínio. Na foto, o mock-up do Alfa Romeo Giulietta Sprint de Franco Scaglione

Além de Savonuzzi, Segre contratou o jovem Sergio Sartorelli, que além de estilista era engenheiro, também formado na Politécnica de Turim. Sua empresa contava então com ele mesmo, Moretti, Savonuzzi e Sartorelli nas posições de comando. Franco Scaglione já havia saído, mas ainda assim foi sondado; no entanto, sentiu-se melhor trabalhando na empresa de Nuccio Bertone, na qual deu sua interpretação das linhas básicas que criaram o Karmann-Ghia, fazendo mais um clássico, que receberia o nome de Alfa Romeo Giulietta Sprint.

A curto prazo (três anos), os contratos de Luigi Segre garantiram a sobrevivência e os lucros da Ghia, com os reforços que providenciou de sua base de engenharia e de fabricação. Mas o desfalque de mentes que aliassem experiência e criatividade nublava seu horizonte. Ainda havia dúvidas sobre o futuro do Karmann-Ghia. O carro *quase* foi exibido no Salão de Paris de 1954, considerado a melhor exposição de automóveis, na qual eram lançados os modelos mais charmosos. Charles Ladouche tinha um comportamento meio apressado, no que era acompanhado por Segre e Karmann, mas Karl Feuereisen emitiu um sonoro "*Nein*". Não era teimoso, sabia voltar atrás, mas jamais permitiria a exibição de um Volkswagen que não estivesse disponível para venda, e menos ainda para pós-venda, no que era um especialista havia oito anos. Tratava-se de responsabilidade sobre a marca, de manter um estoque de peças e mecânicos treinados. Sua atitude desagradou Segre, que preferia lançar o carro e lidar com os problemas depois. Harald Gessner, diretor-geral da Karmann-Ghia do Brasil, trabalhou com Feuereisen por três anos como revendedor e confirmou-me que cuidado e seriedade eram suas principais características. Nordhoff interferiu, apoiando seu principal assessor.

O Alfa Romeo Giulietta Sprint com desenho de Nuccio Bertone, inspirado no Karmann-Ghia, como se pode ver no teto, nos para-lamas, nas colunas A e B e na proporção geral da frente, com "nariz" amplo

As fases de montagem quase manual do Karmann-Ghia jamais foram modificadas. Uma copiadeira emulava as peças mais difíceis para fazer os mol-

As fases de produção do Karmann-Ghia: 1. A copiadeira; 2. Montagem do capô; 3. Montagem no gabarito para soldar o teto; 4. Montagem no gabarito para soldar a frente; 5. Montagem no gabarito para unir o teto e a frente; 6. Prensagem das portas...

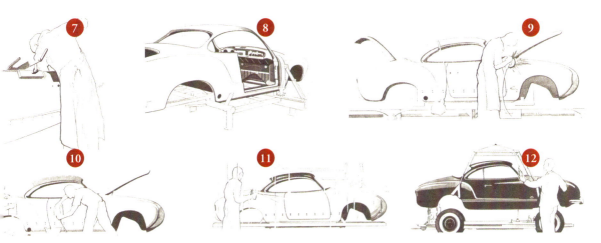

... 7. Montagem das portas; 8. Ajustes para a colocação das portas; 9. Soldagem das portas e das tampas do capô e do porta-malas; 10. Aplicação de primer e polimento manual; 11. Pintura manual; 12. Junção final do chassi

des; pequenas prensas faziam algumas partes; eram usados muitos gabaritos para que as pequenas peças prensadas pudessem ser soldadas; a porta era formada de duas peças; a carroceria, após ter sido montada, era inspecionada quanto a vazamentos. Havia muitos orifícios, que logo eram tampados com o uso de solda estanhada. Após essa fase, aplicava-se o primer, e, depois disso, a carroceria era encaminhada para polimento das rugosidades e só então era levada para ser pintada. Depois, eram colocados vidros e mecanismos, além do estofamento interno. Todas essas etapas eram feitas manualmente. Nesse ponto, a carroceria estava completa e podia ser acoplada ao chassi, que já vinha pronto da Volkswagen. Pode-se dizer que o processo todo era mais uma manufatura, justificando, uma vez mais, a afirmação de que o "Karmann-Ghia era feito à mão". Como a Karmann buscava a perfeição, várias carrocerias voltavam a etapas anteriores, para serem refeitas. O treinamento dos operários fez com que a produção em série começasse apenas em junho de 1955. Em agosto, já havia 37 reluzentes cupês, alguns pintados com tinta metálica e bicolores.

Algumas curvas e vincos também jamais poderiam ser moldados em uma prensa sem danificar irremediavelmente o desenho. Por exemplo, as curvas eram compostas do "nariz" dianteiro, o berço dos faróis, a linha dos para-lamas de trás, dos vidros sobre as paredes corta-fogo e no capô da frente. A frente do carro acabou sendo o conjunto de cinco peças separadas. Hoje, fica difícil imaginar que os

Os primeiros Karmann-Ghia de 1955 saem da fábrica de Osnabrück

diretores da Karmann e da Volkswagen tenham tomado a decisão de fabricar um carro que requeria tantas soldas internas, mas assim foi com o Karmann-Ghia: a carroceria formava uma espécie de concha integral, com reforços.

Do ponto de vista histórico, na verdade, o Karmann-Ghia se encaixava no que havia de mais moderno na época: o método das carrocerias "monobloco", em que todas as forças físicas em jogo eram cuidadosamente calculadas para não haver um ponto de maior esforço que produzisse rachaduras. A "concha" era parafusada ao chassi, e tudo ficava muito resistente às forças torcionais. O teto do Karmann-Ghia, apesar de apoiado em finas colunas, era componente integral dessa resistência torcional geral. A alta taxa de "sobrevivência" do Karmann-Ghia e o fato de ele rodar macio e eficientemente ainda hoje, oferecendo uma solidez que muitos carros modernos não têm, é fruto de um desenho que dispunha de alta qualidade de engenharia embarcada.

A fábrica da Karmann em Osnabrück

O trabalho manual de soldagem estanhada era tão extenso que, calcula-se, havia quase 3,50 m de solda somente na parte externa. Algumas soldagens eram tão demoradas que a Karmann teve de desenvolver um sistema especial de refrigeração a água no próprio gabarito de montagem, para que a chapa não desnaturasse e acabasse retorcida. Era a única refrigeração a água que os Volkswagens daqueles dias conheceram. Todos tinham enorme confiança no carro.

Karmann decidiu interromper a produção do DKW conversível e das peruas para a Ford alemã, passando a dedicar-se integralmente ao novo carro, que recebeu a designação oficial de Tipo 143, ou seja, era o terceiro modelo do Tipo 14 (o sedã era o Tipo 111). Karl Feuereisen, que tinha 55 anos, sofreu um infarto do miocárdio fatal logo depois do início da produção do Karmann-Ghia. Não teve tempo de saborear o sucesso de suas decisões, embora tivesse noção de que estava possibilitando o nascimento de um clássico. Uma das pessoas mais desconsoladas com seu desaparecimento foi Heinz Nordhoff. Ele confidenciou a outros colaboradores: "O que vou fazer agora sem o Feuereisen?"

Capítulo 5

O LANÇAMENTO

O Karmann-Ghia deu muita sorte, tanto no lançamento quanto depois. Dizem que Ladouche chorou no lançamento, que aconteceu em 14 de julho de 1955, na França, dia da queda da Bastilha. A data, de enorme valor emocional para a maior parte dos franceses e para muitas pessoas no mundo inteiro, que se fascinaram pelos ideais de liberdade, igualdade e fraternidade, revestia o evento de um valor simbólico ainda maior. Luigi Segre e o autor da ideia, que, afinal, era um alemão, também foram às lágrimas ao refletir sobre o desenvolvimento ocorrido em tão pouco tempo. A cerimônia foi fechada para poucos convidados,

O lançamento do Karmann-Ghia aconteceu na França, na emblemática data de 14 de julho, em 1955

No lançamento, o Karmann-Ghia foi considerado "estonteante"

em uma bela residência francesa, e teve muito champanhe, fotos e alegria. Os presentes conseguiram guardar segredo; na primeira ocasião em que o Karmann--Ghia enfrentava um teste público mais verdadeiro, ocorreu aprovação unânime, o que deixou alguns desconfiados. A primeira coisa que os convidados faziam era comparar o novo carro com o Porsche, e as conclusões eram sempre favoráveis ao novo produto, considerado "estonteante".

Luigi Segre ao lado do novo carro

Muito confortável para duas pessoas, o veículo transportava duas crianças atrás, tinha relógio e já vinha com barra estabilizadora na suspensão dianteira, que apareceu no Fusca só em 1960. Pesava 80 kg a mais, era inicialmente equipado com motor de 30 cv e chegava a 120 km/h, por ser mais aerodinâmico que o sedã, embora jamais tenha sido testado em túnel de vento. Era tão bonito que muitos americanos o compravam e instalavam um motor Porsche no ato, mas o chassi e os freios do Karmann-Ghia não permitiam o desempenho do Porsche.

O carro era fabricado com materiais de alta qualidade e apresentava ótimo acabamento. Tinha um painel "de verdade" se comparado ao sedã, cujo painel de instrumentos era muito mais uma parede vertical planejada em alguma escola minimalista. O posicionamento dos bancos, muito bem acolchoados, bem no centro do carro e entre os eixos, conferia-lhe conforto muito maior que o do sedã 1200 da época.

Em setembro de 1955, no Salão do Automóvel de Frankfurt, finalmente o grande público amante de automóveis teve acesso ao carro. Como a homenagem aos franceses já estava feita, escolheu-se uma cidade alemã para mostrar o Karmann-Ghia. É praticamente impossível expressar hoje a sensação e o interesse despertados pelo novo produto.

O lançamento

Em setembro de 1955, no Salão do Automóvel de Frankfurt, o grande público pôde conhecer o carro

Foi um suplício conseguir chegar ao evento. Não havia vagas para estacionar, o calor era causticante naquela Frankfurt recém-reconstruída depois da guerra. As pessoas ficavam amontoadas em torno do que parecia ser a democratização do carro esportivo. Houve disputas para conseguir preencher formulários de encomendas; havia poucas dezenas deles e foi preciso improvisar novas cópias, que resultaram em centenas de pedidos – pagos adiantadamente!

O Karmann-Ghia foi, durante toda a sua produção, dotado de detalhes que hoje são considerados simples, mas que na época eram caros e muito luxosos. Por exemplo, os vidros das portas sem molduras, as maçanetas push-button, o capô do motor e o porta-malas providos de molas que dispensavam o uso de varetas para mantê-los abertos (algo que mesmo hoje em dia só existe em carros muito luxosos). As dobradiças ficavam escondidas, e, maravilha das maravilhas, os vidros panorâmicos eram em curva! Ao longo do tempo, tudo ficou como no início: muito caro. Os carros modernos são dotados de colunas A e C notavelmente espessas, para manter a rigidez e ao mesmo tempo deixar as peças prensadas bem pequenas, diminuindo custos unitários. A visibilidade daqueles carros é coisa do passado. A silhueta limpa era mantida à custa de ausência de maçanetas nos capôs, que podiam ser abertos por meio de controle remoto.

Havia um enorme espaço para bagagem no Karmann-Ghia em comparação ao Fusca. O único envelhecimento estilístico poderia ser a linha de cintura "alta", mas ela de certa forma retornou nos últimos projetos alemães e italianos, como os Audis e os Alfas dos anos 1990. Apesar do preço elevado (7.500 marcos) por conta da dificuldade de produzir a carroceria, a Karmann vendeu 10 mil unidades em um ano e dois meses nas redes Volkswagen da Europa e dos Estados Unidos. Isso jamais havia acontecido com um carro esportivo. O mercado se mostrava vasto, composto de pessoas que desejavam a sensação de dirigir um automóvel esportivo sem os custos de manutenção e as dores de cabeça normalmente associados a esses veículos. Como o Fusca e a Kombi, o Karmann-Ghia foi o mais bem-sucedido de sua classe. Ele não criou, mas deu vida, por sua qualidade e beleza, ao nicho de mercado do boulevardier (literalmente, carro de avenida), o veículo pessoal de passeio, sereno e divertido. Logo ganhou concorrentes, mas nenhum realmente ameaçou seu lugar, pois sempre lhes faltou a qualidade e a beleza clássica do design do Karmann-Ghia.

Afinal, para quem era o Karmann-Ghia?

A aparência muito esportiva e o comportamento nada esportivo conferiam ao carro uma espécie de personalidade dupla. Não se sabia se ele era "o

Porsche do pobre" ou "o Volkswagen do rico", apelidos que acabaram ficando. Não se sabia também se era um carro destinado ao mercado masculino, que atraía olhares das mulheres, ou se era voltado ao mercado feminino, cada vez mais importante, nos anos 1950, pela docilidade de condução e facilidade de manutenção. Era um carro de lazer ou de trabalho? Servia totalmente a uma pessoa com família pequena ou era sempre um segundo (ou terceiro, ou quarto) veículo? Nos anos 1950, fora dos Estados Unidos, era raro haver mais de um carro para cada lar.

O Karmann-Ghia foi tudo isso. Por sorte, a publicidade da fábrica, moderna e criativa, saía dos Estados Unidos. Sob o comando do diretor da Volkswagen no país, Carl H. Hahn, ela tinha o estímulo incondicional de Heinz Nordhoff, que utilizava as dubiedades com bom-humor, contribuindo bastante para garantir esses mercados.

O Karmann-Ghia cupê

A sensação que o veículo causou em Karmann e em Nordhoff – e no público presente no lançamento – reverberou no Salão do Automóvel de Frankfurt. O Karmann-Ghia fez furor no mercado e na imprensa, e transformou-se em um dos lançamentos mais impactantes da história do automóvel: alcançou o mundo inteiro, inclusive o Brasil.

Em sentido horário, a partir do alto, à esquerda: posicionamento das peças prensadas nos gabaritos de montagem e solda; após a montagem e a solda vinha a fase de furação das chapas para a passagem dos tubos; algumas peças, como o painel de instrumentos, aceitavam prensagem total; todas as fases de pintura eram por mergulho, motivo de grande orgulho para a Karmann

O carro era tão requisitado que nem a fábrica da Karmann em Osnabrück (ainda quase artesanal) e nem a da Volkswagen em Wolfsburg – cuja produção se encontrava acima do limite por causa do Volkswagen sedã e da Kombi – podiam dar conta dos pedidos. Havia listas de espera, com pedidos firmes e pagos antecipadamente. Em um mês, as listas europeias eram suficientes para dois anos de produção! A etapa moderna do processo era o envio dos carros prontos por trem.

Nos Estados Unidos, o Karmann-Ghia custava 2.475 dólares. Para efeito de comparação, com 100 dólares a mais comprava-se um Chevrolet ou um Ford 1956 equipados com rádio, motor V-8 e caixa automática. Um Thunderbird custava cerca de 3.600 dólares, e um Fusquinha, 1.600 dólares.

Em resumo: custava um bom dinheiro e deu bons lucros aos fabricantes. Engenharia superior nunca pode ser barata: a alta qualidade dos materiais e da construção e o excelente serviço de pós-venda, principalmente se comparado ao da concorrência, compensavam o investimento inicial, criando um mercado muito amplo.

O carro atraiu um público que gostaria de ter o Porsche, mas não dispunha de 3.600 a 6 mil dólares para comprar um e tampouco podia manter o carro, com os preços de peças quase ultrajantes praticados pela Porsche. Os ingleses, mais afeitos ao automobilismo, não encaravam o Karmann-Ghia como "o Porsche do pobre", pois, nas estradas sinuosas, estreitas e pouco extensas das ilhas Britânicas, diversas das infindáveis retas dos desertos do Novo Mundo, o desempenho do Karmann-Ghia não era comparativamente ruim.

Os jornalistas da Austrália e do Brasil, nações de condições geográficas semelhantes à dos Estados Unidos, muito cedo fizeram julgamentos. Para eles, o Karmann-Ghia se comportava de forma semelhante ao Fusca: o excelente sistema de direção e da caixa de marchas, a vivacidade inicial de aceleração, acrescidas da "bossa" esportiva convidavam o motorista a abusar do carro e a esperar dele algo para o qual não havia sido planejado. Segundo esses críticos, o modelo corria pouco e capotava fácil. Lembremos que o motor deslocava 1.192 cm^3 e produzia 36 cv (potência bruta SAE) – era o mesmo que equipou o Volkswagen brasileiro de 1959 a 1966 e o Karmann-Ghia produzido no Brasil entre 1962 e 1966.

Os testes da época ressaltavam que o carro era muito benfeito e acabado. O inglês John Bolster, um famoso e querido ex-corredor que editava o respeitado periódico *Motosport*, ressaltou a velocidade de cruzeiro do Karmann-Ghia de 1955 como sua grande vantagem. Realmente, 122 km/h de velocidade máxima não era muito, e 28,8 segundos para chegar a 100 km/h exigia uma certa paciência, principalmente se houvesse um Fiat ou Simca nas imediações. Bolster estava bastante acostumado com o sedã Volkswagen e encontrou rapidamente uma limitação do Karmann-Ghia, oriunda de uma característica estrutural: a largura das caixas de rodas dianteiras, que o impediam de obter o mesmo grau de esterçamento do sedã. O motorista dirigiria mais recostado (na época, dizia-se que "dirigia deitado"), ocupando mais espaço à frente, criando angulação excessiva para a direita (ou para a esquerda na Inglaterra, na Suécia e no Japão) do corpo e dos membros inferiores, caso as caixas de rodas ficassem idênticas às do sedã. Manobrar o Karmann-Ghia nas tarefas de estacionamento ou trocar a mão de rolamento em ruas estreitas era sempre mais difícil, não apenas na comparação com o sedã, mas com quase todos os outros veículos.

Todos os jornalistas e comentaristas foram unânimes quanto à estabilidade direcional e em curvas: boa, melhor que a do sedã. Além dos fatores de desenho e estabilidade torcional, o Karmann-Ghia vinha equipado de fábrica com uma barra estabilizadora na suspensão dianteira.

Quem comprava o Karmann-Ghia? A própria fábrica se preocupou com a questão, o que se refletiu na campanha publicitária. Nos Estados Unidos, na Alemanha e na França, entre os compradores de primeira hora do Karmann-Ghia, por incrível que pareça, estavam os donos dos Porsches mais caros das grandes cidades. O desempenho mais elevado do tipo S em relação ao Porsche "normal" era obtido à custa de uma indocilidade no comportamento cotidiano. Por essa razão, o Karmann-Ghia era cada vez mais escolhido como o segundo veículo de quem desejava transporte pessoal rápido e econômico.

Um carro de mil e uma utilidades. A publicidade do Karmann-Ghia visava a diversos tipos de pessoas

Após um ano no mercado, o Karmann-Ghia se firmou como carro feminino. Pode-se dizer que as mulheres ficaram caídas por ele. Raríssimos carros, em toda a história do automóvel, foram (e continuam sendo) tão bem-aceitos entre as mulheres, sem limite de idade. E a consequência inevitável foi as mulheres passarem a formar uma parcela considerável de compradores.

A grande clientela já cativa do Volkswagen sedã formou outra importante parte dos compradores iniciais do Karmann-Ghia: pessoas mais maduras e bem assentadas, além do público jovem. Alguns deles logo se desinteressaram por causa da baixa velocidade e do investimento inicial. Era possível comprar um MGA, depois um MGB ou um Triumph TR3 pelo preço de um Karmann-Ghia. Note-se que a mesma coisa continua ocorrendo, após cinquenta anos, no mercado de clássicos, depois de muitas oscilações ao longo dos anos.

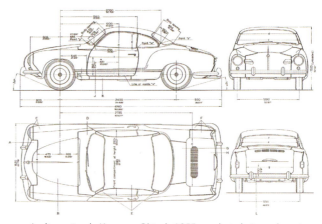

As dimensões do Karmann-Ghia de 1955 em planta baixa e elevação

Fac-símile de revista da época

Capítulo 6

OS PRIMEIROS ANOS DO KARMANN-GHIA

Ao longo do tempo, o Karmann-Ghia foi acompanhando as notáveis melhorias do sedã Volkswagen no que se refere ao conjunto mecânico. No geral, foi ainda mais estável que o Fusca em relação a mudanças. Certos detalhes de acabamento jamais se modificaram, como o debruado (galão) que fica ao longo da soleira das portas ou a cinta de alumínio que recobre a borda da plataforma metálica sob a janela de trás, formando o berço de apoio do encosto traseiro.

A linha da capota e das colunas A e B, pronunciadamente recurvadas para dentro do carro, não permitiam uma aeração interna muito eficiente. Logo se dotou o veículo de elaborados condutos, posicionados no "nariz", ladeando os faróis. Criava-se assim a possibilidade de captar ar ambiente, e alavancas que acionavam válvulas instaladas nos condutos permitiam a graduação da captação. Nos modelos fabricados entre 1955 e 1958, os acionadores foram colocados abaixo do painel, inclinados, nas duas extremidades, perto das portas. Essa posição persistiu no modelo brasileiro durante toda a produção (de 1962 até 1972), diferentemente do que aconteceu no modelo alemão, no qual os botões acionadores ficavam embaixo do painel. Houve algumas variações no volante de direção, e, de 1955 a 1958, as pequenas lanternas traseiras eram retangulares e salientes.

O transporte dos Karmann-Ghias da fábrica até seu destino era feito de forma diversificada

À esquerda: a maior concessionária de Stuttgart tinha caminhões próprios para transportar o Karman-Ghia.
À direita: modernidade e antiguidade lado a lado – o comboio liga duas unidades fabris

Em 1956, a Karmann produzia duzentos veículos ao mês. Como a empresa possuía duas unidades fabris, em locais diferentes da cidade de Osnabrück, criou-se um "comboio" de carretas interligadas como vagões, tracionadas por uma pequena e econômica picape. Karmann estabeleceu ainda linhas de montagem CKD, ou seja, enviava kits de carroceria do Volkswagen sedã conversível para a Suíça e para a Bélgica. Parte da produção era escoada em caminhões dos revendedores, outra parte em trens – havia um terminal dentro da fábrica.

A Ghia continuava com as turbulências internas: Savonuzzi fora convidado pela Chrysler para trabalhar em planejamento de produtos. Segre separou o departamento de estilo do de engenharia, que ficaram sob responsabilidade, respectivamente, de Sergio Sartorelli e Sergio Coggiola. Este deixou a casa em 1966, para montar a própria empresa de construção de protótipos, em Orbassano e depois em Beinasco, que se tornou uma das mais respeitadas do ramo.

Sartorelli teve a ajuda de um jovem americano de 24 anos, recém-formado em Michigan, de sobrenome famoso nos meios automobilísticos: Anthony "Tom" Tjaarda, filho de John Tjaarda. Sartorelli e Tom Tjaarda iniciaram uma longa amizade e fizeram uma sugestão para o Karmann-Ghia: um teto duro removível para o conversível, que se mostrou desproporcional e foi prontamente rejeitado pela Volkswagen. Mais tarde Tjaarda foi o responsável por alguns De Tomasos, como o Mangusta e o Pantera, e pelo Fiat 124 Spider, entre muitos outros desenhos.

O conversível de 1957

Wilhelm Karmann Jr. percebeu as intenções de Luigi Segre de estabelecer contato direto com a Volkswagen. Karmann era sereno e bem-humorado e achou natural que o competidor tentasse se livrar de seu "corretor alemão", como ele mesmo se denominava. Entretanto, ao mesmo tempo, sentiu-se autorizado a fazer seus próprios projetos para a Volkswagen sem consultar o amigo italiano. Propôs um conversível, que seria chamado de Tipo 141 (e de Tipo 142 quando

mais leviana que se possa imaginar. A dependência que se estabelece a partir disso fica sempre a cargo da Volkswagen do Brasil. Bobby, seu departamento de compras deveria ficar de olho nisso tudo, visto que Fischer não é apenas avarento e inescrupuloso, mas também burro.

Sinto ter de sobrecarregá-lo, querido Bobby, mas preciso informar-lhe antes que a coisa chegue a você por outra via e se torne muito mais desagradável. Em certa medida, esse é um aborrecimento comum a quem está na posição de direção.

Tudo de bom a você e lembranças calorosas a Eta.

Heinz"

Um dos personagens citados, Otto Höhne, era um dos maiores colaboradores da fábrica alemã, tendo trabalhado nela desde o início, ainda no período da ditadura. Como Feuereisen, foi uma mola propulsora da empresa e de Nordhoff. Criou praticamente sozinho as primeiras linhas de montagem da Brasmotor e da Volkswagen do Brasil. Deixou alguns herdeiros em nosso país, também dentro da Volkswagen, no mesmo setor, engenharia de produção, além de um filho médico.

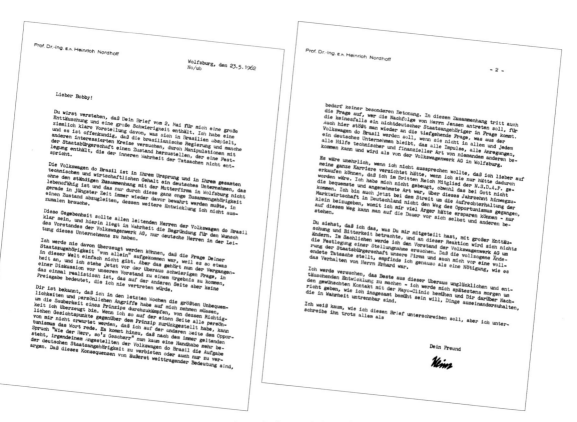

Carta de Nordhoff para Schultz-Wenk

Capítulo 8

PRIMEIRAS MUDANÇAS

A Karmann estava em expansão, como se podia ver pela iniciativa da fábrica no Brasil. Na Alemanha, os negócios também iam bem. Na Ghia, Luigi Segre imaginava que o sucesso do Karmann-Ghia provocaria um fluxo de pedidos da Volkswagen sem intermediações. Quem sabe a Ghia fosse eleita a casa de estilo oficial? Mas as tentativas sub-reptícias de Segre tiveram efeito contrário. Quando surgiram dúvidas de estilo, a Volkswagen procurou a consultoria da Pininfarina, o mais formidável competidor da Ghia. A sugestão de uma vigia traseira maior para o Fusca, em 1957, lançada em 1958, marcou o desapontamento.

Do ponto de vista empresarial, as preocupações tinham fundamento, pois não fazia sentido ficar colocando "todos os ovos em uma cesta só". Surgiu então uma nova oportunidade para a Karmann e para a Ghia tentarem repetir o sucesso do Karmann-Ghia original. Não se tratava mais de um substituto do carro, mas de um bis, ou seja, um modelo suplementar.

O novo projeto era o do Karmann-Ghia da linha 1500. O protótipo foi realizado por Coggiola, com o Volkswagen "maior e melhor". Luigi Segre continuava sentindo-se um pouco frustrado com a incumbência. Parecia-lhe estar recebendo um prêmio de consolação, pois mais uma vez a Pininfarina ocupava um lugar que ele pensava ser seu. A linha 1500 fora idealizada pela Porsche, tanto

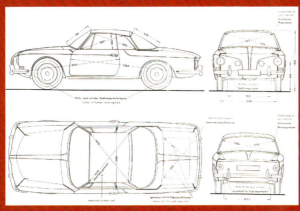

Planta baixa do modelo de 1961

no grupo motopropulsor como na carroceria, e novamente a Volkswagen ficou insatisfeita com o estilo traseiro. A Pininfarina fez modificações no desenho do capô traseiro e na finalização dos para-lamas, aplicando as mesmas linhas antes exclusivas dos Ferraris 250 GT America e California. Depois do Volkswagen 1500, Farina levou o desenho para o Rolls-Royce/Bentley pós-Silver Cloud II. Os Volkswagens 1500 ganharam um letreiro, "VW 1500", em itálico, que logo fez escola, marcando a cilindrada do motor. O tipo de letra era extremamente parecido com aquele usado em um "dream car" da GM de 1954. A Karmann preparara um conversível sedutor, mas que não suportou os testes de rigidez torcional feitos pela Volkswagen.

Os Volkswagens 1500 ganharam um novo letreiro de identificação, que se tornou clássico

O Karmann-Ghia 1500 recebeu motor ainda não testado no mercado, com ventoinha na mesma altura do motor, que lhe dava um aspecto plano; a torre vertical à qual o consumidor já se acostumara desapareceu. Chamado de "motor-mala", "motor plano", "motor achatado", ele deixava mais espaço para bagagens, pois ficava praticamente escondido sob duas tampas; tinha também mais cilindradas para proporcionar mais potência. Sartorelli e Tjaarda começaram a elaborar um cupê que lembrava modelos Chrysler lançados em 1961. Dadas as ligações de Savonuzzi com a Chrysler, Exner continuava participando de projetos em comum, e é certo que esses desenhos americanos influenciaram o novo cupê.

Do Karmann-Ghia original manteve-se apenas o equilíbrio em três volumes, graças a Tom Tjaarda, que, como quase todos os seus contemporâneos, estava influenciado pelo desenho que lhe parecia o mais importante da época: o do Chevrolet

Corvair, da General Motors. Este autor tem defendido a hipótese da "polinização cruzada" que ocorre no estilo: não se trata de cópia, mas de voga, de um aprendizado e inspiração muitas vezes inconscientes. Discutindo essa hipótese com Márcio Piancastelli e Günther Hix, responsáveis pelo Karmann-Ghia conversível brasileiro, TL e SP II, além da Brasília e do Gol (currículo inigualável!), e que formaram a geração pioneira na engenharia e arquitetura de estilo in-house no Brasil, obtivemos a confirmação prática de nossa investigação história: boa parte da mecânica do Chevrolet Corvair (motor de seis cilindros contrapostos na traseira, arrefecido por ar) foi elaborada com a colaboração secreta da Porsche. Ed Cole, o chefe da engenharia da GM, tinha fixação por produtos europeus. O layout do motor era gêmeo do Volkswagen, mas a carroceria, obra exclusivamente americana, tinha a marca de Irv Ribicky e Clare McKichan, que trabalhavam sob responsabilidade geral de Bill Mitchell.

A partir da esquerda: o Corvair Monza Chevy II, o Fiat 1500; o Impala

O impacto do Corvair na Europa foi notável: a Fiat, com o 1300-1500, de Gian Paolo Boano; a Simca, com o 1000 de Mario Boano; a NSU, com o Prinz, e a BMW, com o 1500; além de outras fábricas menores, como a Hilmman, com o Imp, seguiram fielmente o Corvair – como o novo Karmann-Ghia, orientado para o mercado americano. Engano grave, feito por grande parte das indústrias europeias da época. Demoraram para perceber que boa parte dos americanos que compravam produtos europeus queriam que eles permanecessem "europeus", não querendo americanizações, justificadas pelo fato dos Estados Unidos serem o dínamo tecnológico e econômico do mundo.

O novo desenho não se destinava a substituir o Karmann-Ghia original, mas sim a criar uma versão esportiva do novo Volkswagen, destinada a mercados mais afluentes. E foi chamado, como o sedã que lhe deu origem, de Volkswagen Karmann-Ghia 1500 – a cilindrada estava expressa no nome.

O Plymouth 1961 (à esquerda) e o Corvair (no centro e à direita) influenciaram o desenho da segunda série do Karmann-Ghia

Segre decidiu incrementar o departamento de estilo, contratando temporariamente Bruno Sacco para assistir Sartorelli e Tjaarda no Karmann-Ghia 1500. Sacco tinha 28 anos e trabalhava para a Daimler-Benz desde 1958. Nenhum italiano tinha tanta experiência no mercado alemão e americano: ele participara decisivamente do projeto do Mercedes-Benz 220. Outra aquisição foi Filippo Sapino. Apesar da pouca idade – tinha apenas 20 anos –, Sagre via nele mais talento do que em todos os seus antecessores.

A lateral "modernizada", mesmo com três volumes, diferia da do antigo Karmann-Ghia. Foram-se as curvas dos anos 1950; começava o império das retas e dos ângulos nada suavizados. As pestanas que Sartorelli retirou do Plymouth de Exner resultaram em uma aparência discutível. O carro transportava duas pessoas no banco de trás com mais conforto. Tudo era voltado ao mercado americano, que vivia um *boom* tecnológico. Esse era o carro que Segre pensava fazer integralmente na Itália, dispensando a Karmann. A "segunda série" do Karmann-Ghia era chamada internamente de Tipo 34. Em alguns mercados denominava-se também Tipo 3 ou 1500. E depois viria o 1600.

Sartorelli resolveu manter o nariz protuso do Karmann-Ghia original, mas apenas sugerido por uma dobra na lataria; a reentrância entre o nariz e os para-lamas frontais foi substituída por um filete saliente. As grades do tipo Delahaye foram eliminadas, e em seu lugar surgiram dois faróis auxiliares, quase centrais. No início houve bastante dúvida de como posicioná-los junto aos faróis principais.

O protótipo do Tipo 34: faróis auxiliares lateralizados

Estava criado um desenho controverso, embora não lhe faltassem as características do belo, principalmente naquilo que os fotógrafos e os designers chamavam de "três quartos de trás". Ele tinha alguns aspectos feios, e talvez residisse aí seu problema: ficou no meio-termo. Meio esquisito, meio belo, meio de luxo, meio esportivo e assim por diante. Se a intenção era fazer algo diferente, o objetivo foi alcançado.

A área envidraçada era mais alta, seguindo as linhas do Karmann-Ghia original. Os suaves para-lamas adquiriram formas retilíneas, com dobraduras que acompanhavam ou circulavam todo o comprimento do teto e da carroceria, respectivamente, acabadas com filetes cromados ou em alumínio quase idênticos aos do Corvair. No teto, o filete terminava abruptamente na coluna B, em vez de descer suavemente em tobogã, como no primeiro Karmann-Ghia. No capô traseiro, que abrigava o motor, incrustava-se um filete para marcar a fronteira da tampa. A forma e a disposição dos faróis eram quase idênticas às do Corvair, embora de diferentes dimensões e quantidade.

A diretoria da Volkswagen gostou muito desse Karmann-Ghia remoçado. Pode-se dizer que a intuição de Feuereisen fazia falta; a Volkswagen estava muito bem servida em engenharia de produção, mas muito atrelada à doutrina Porsche, com remanescentes da equipe desse organizador, como Otto Höhne, Joseph Werner e Josef Kales. Pessoas competentes em relações públicas e administração, como Frank Novotny e Carl Hahn Jr., fizeram história nos Estados Unidos, mas tudo isso mostrava falta de criatividade técnica e estética. Nordhoff enfrentava turbulências conjugais e problemas de saúde – temia a possibilidade de ter um câncer, e não uma simples úlcera gástrica. É possível que esse conjunto de fatores tenha levado a Volkswagen a entrar de corpo e alma na promoção do Karmann-Ghia 1500. Nordhoff, antes extremamente comedido, adotou um deles como transporte pessoal – conforme referido por Frank Pflaumer, que viu o Karmann-Ghia 1500 pela primeira vez nas mãos do diretor-superintendente da Volkswagen.

O interior do Karmann-Ghia 1500: luxo discreto e funcionalidade minimalista

O carro podia vir com transmissão automática (e não semiautomática, como no resto da linha Volks). Tinha muitas opções de cores e padrões de estofamento, com acabamento digno de um Mercedes-Benz. Era o Volkswagen mais veloz já fabricado: chegava a 140 km/h (o 1500) e 156 km/h (o 1600). O painel de instrumentos, esteticamente sofisticado, abrigava instrumentos pequenos e delicados. Custava 4 mil dólares e, como acontece com todos os produtos da marca Volkswagen, foi posicionado nas faixas de preço mais elevadas de sua classe.

O automóvel foi um fracasso de vendas segundo os padrões da Volkswagen, que era preciso manter devido ao gigantismo de suas instalações. Em outras companhias, aquele nível de vendas jamais seria considerado ruim, levando-se em conta os padrões europeus da época para veículos de luxo: foram comercializados 42.498 carros em oito anos de produção, de 1961 a 1969. O *break-even point* situava-se em torno de 8 mil unidades.

O Karmann-Ghia "novo, maior e mais luxuoso" perdeu o grande charme do irmão mais velho: era mais complicado e de manutenção difícil. Antes, como o sedã, admitia a intervenção de "mecânicos de fim de semana", ou seja, o próprio dono do carro. A dupla carburação do motor plano era quase im-

O Karmann-Ghia Tipo 34 conversível: apenas dois protótipos

O Karmann-Ghia conversível de 1961

possível de ser mantida por muito tempo, e era preciso ter sempre à mão um mecânico hábil. O novo Karmann-Ghia incorporava uma das piores características dos verdadeiros carros esportivos sem oferecer o mesmo desempenho.

Nos salões do automóvel, a moda da época era expor as estruturas internas através de recortes na carroceria. Na foto, o Karmann-Ghia tipo 1200

Corte transversal do Karmann-Ghia Tipo 1500

A reação ambígua da imprensa e do público no Salão do Automóvel de Frankfurt surpreendeu os executivos da Volkswagen, da Karmann e da Ghia: havia mais interesse no Karmann-Ghia original do que no novo rebento. Luigi Segre e Wilhelm Karmann mantiveram-se surpresos até o fim da vida; Savonuzzi abandonou a empresa e foi trabalhar na Chrysler; e outro amigo foi trazido como assistente da presidência: Giacomo Gaspardo Moro. Desde 1945, ele era produtor de cinema e TV na conhecidíssima Cinecittá, em Roma. O hábil Luigi Segre desejava mais publicidade para seus carros, que passaram a adornar cenas em que apareciam Sofia Loren e Marcello Mastroianni.

Novidades na Europa

Os aperfeiçoamentos contínuos do Fusca eram imediatamente incorporados ao Karmann-Ghia; por vezes, o Karmann-Ghia os recebia até antes. Em 1960, o tanque de gasolina ganhou dimensões diferentes, permitindo maior espaço no compartimento de bagagem com a mesma capacidade (40 litros). No Brasil, os Karmann-Ghias já começaram a ser fabricados com esse tanque. Adotou-se em 1960 a coluna de direção de segurança, que colapsava na eventualidade de colisão frontal. Uma modificação que chegou ao Karmann-Ghia antes de chegar ao Fusca foi a posição de parada do limpador de para-brisa. Desde o início era para a esquerda, não deixando incômodos pontos cegos para o motorista.

O Karmann-Ghia 1961 com motor de 40 cv e 8,9 kgfm de torque exigiu a modificação da suspensão traseira: a bitola foi alargada em 58 mm, com adição de barra compensadora. No Brasil, só teríamos essas modificações em 1970, que impediam a excessiva transferência de peso para a roda externa à curva responsável pela diminuição de aderência lateral das rodas. Junto ao "Volkswagen luxuoso", o 1500, também visto como enorme novidade há muito aguardada, foi o modelo introduzido em agosto de 1960: mais eficiente, rendendo 50 cv a 3.600 rpm.

Depois de quatro anos, o Karmann-Ghia 1200 podia ultrapassar os 112 km/h. O motor era aparentemente semelhante ao anterior, mas totalmente diverso, pois não havia praticamente nenhuma intercambialidade de peças com o motor do jovem engenheiro Franz Xaver Reimspiess, que deu apenas alguns palpites, já que estava trabalhando em tempo integral para a Porsche no novo modelo que seria lançado em 1964 (o 901, depois chamado de 911). A área de engenharia de produto da Volkswagen se encarregou de modificar a carcaça do motor, o suporte do dínamo, os cilindros, a lubrificação e o arrefecimento, tornando o conjunto ainda mais resistente, com a mesma cilindrada: 1.192 cm³.

Havia espaço para ampliações, que efetivamente foram feitas ao longo das décadas seguintes, passando pelas cilindradas 1,3, 1,5, 1,6 e 1,7 litro (estas últimas aplicadas ao Volkswagen 411, ao Volkswagen-Porsche e, no Brasil, ao SP2 e à Variant II). O carro ficou mais silencioso, por causa da diminuição da velocidade da ventoinha, conquistada por meio de um engenhoso redimensionamento da polia do virabrequim (ficou com diâmetro menor) e do dínamo (aumentando seu diâmetro). O pedestal do dínamo, antes monobloco com a metade direita da carcaça, foi redesenhado: agora era separado e aparafusado àquela, o que amorteceu a vibração e aumentou a durabilidade dos rolamentos; a folga das válvulas foi aumentada; os mancais do virabrequim foram reforçados, e os cabeçotes totalmente redesenhados, com câmaras de combustão mais eficientes, nas quais as válvulas ficavam agora inclinadas; mais aletas e mais espaço garantiam melhor refrigeração.

O carburador, até então um Solex 28 PCI, foi substituído pelo Solex 28 PCIT, com afogador automático. A caixa de marchas ficou semelhante à do Porsche 356, com a primeira sincronizada e maior facilidade para reparos. Não há como não valorizar o desenho desse motor: produzido até 2005 (no

México), permitia aumentos de cilindrada até 2,2 litros. O novo 1200 podia levar o Karmann-Ghia até 100 km/h em 24 segundos, alcançando velocidade máxima de 130 km/h. A excelência do desenho se mostrava não apenas na longevidade da produção, mas também na resistência do carro. Ele rodava até 300.000 km sem recondicionamento. O mesmo desenho foi utilizado nos motores de ventoinha baixa. Junto com o 1500, era o motor Volkswagen de funcionamento mais regular já fabricado. Para a época, jamais foi muito econômico em termos de consumo de combustível: cerca de 8,5 km por litro na cidade e 13 km por litro na estrada.

Os Karmann-Ghias alemães tinham ainda outra opção: a embreagem Saxomat, de acionamento automático, mista centrífuga e vácuo. Não havia pedal de embreagem. Internamente, recebeu um volante tipo cálice, mais seguro, que só chegaria ao Fusca em 1961. Os materiais plásticos da época foram muito desenvol-

Sugestões de Sartorelli para substituir o Karmann-Ghia

O protótipo usava partes do sedã 1500: as grades dianteiras e traserias foram aproveitadas no TC brasileiro

vidos: a moda era o volante colorido, acompanhando em *ton sur ton* a padronagem do estofamento, que prosseguia luxuoso, com faixa central de tecido. O modelo europeu tinha muito mais opções de cor do que o brasileiro, que só receberia um volante de direção diferente do sedã a partir de 1968, com os raios em V invertido, na cor preta. Nesse momento, o Karmann-Ghia brasileiro ficou com um volante mais elegante do que o europeu, que continuava igual ao do Fusca.

A solução do teto de colunas mínimas e vidro traseiro exagerado, vetada pela Volkswagen, foi parar num dos esportivos mais luxuosos da Fiat, o 2300S, lançado em 1962

Capítulo 9

O KARMANN-GHIA É PRODUZIDO NO BRASIL

No dia 2 de maio de 1962, começou a produção do Karmann-Ghia no Brasil – e também os problemas políticos. O prazo de concessão de licenças do Geia havia terminado. O então governador do Rio Grande do Sul, Leonel Brizola, no seu modo característico, apregoava: "Vamos ver este Geia aí do almirante! Vou colocar o NSU Prinz no Brasil! Fabricado em Porto Alegre!" Dizia conseguir favores especiais para fazer o "anti-Volks": motor de dois cilindros, arrefecido por ar, menor que o Fusca, carroceria mais moderna, com entradas de ar para a buzina. Todo mundo se assustava com as promessas de Leonel Brizola. Schultz-Wenk acabou se tornando amigo do governador Brizola: acampados no serrado, participaram de comemorações com o inevitável churrasco e chimarrão.

Em sentido horário, a partir do alto, à esquerda: o NSU Prinz; Schultz-Wenk conheceu Leonel Brizola na época da inauguração de Brasília, quando a Volkswagen organizou uma caravana com todos os produtos da empresa para chegar à "Novacap"; Schultz-Wenk, Corduan e Jango; um estacionamento típico no Brasil de 1961

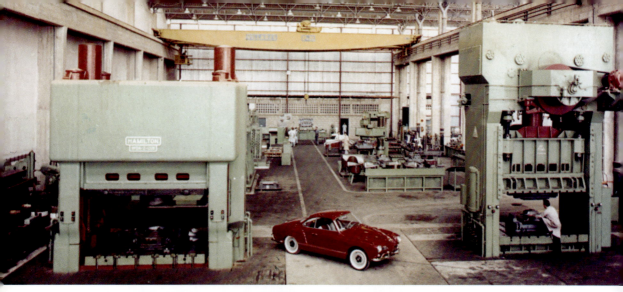

No alto: as primeiras prensas da Karmann-Ghia do Brasil provinham da Alemanha.
No centro: o primeiro e o quinquagésimo Karmann-Ghias fabricados no Brasil. Acima: apoiado à porta do carro, o engenheiro Keöner, responsável geral pela montagem. O Karmann-Ghia oferecia mais conforto para duas pessoas do que o sedã, pois tinha bancos mais generosos e centrais em relação ao entre-eixos

Schultz-Wenk era amigo pessoal de William Max Pearce, diretor da Willys. E o que não se sabia até agora é que toda a ferramentaria, as fôrmas e os moldes que permitiram o lançamento do Aero Willys 2600 foram preparados pela Karmann-Ghia do Brasil.

A Karmann-Ghia do Brasil foi encarregada pelo diretor da Simca, Jack Jean Pasteur, de produzir a carroceria do Simca Chambord, até então apenas montado no Brasil com peças importadas. Era um pedido muito importante pelas implicações políticas, e serviria de cartão de visitas da Karmann-Ghia do Brasil, pois definiria se ela poderia fazer um trabalho semelhante para a Willys, que também precisava de ferramentaria para o 2600. Dettmer, até então principal auxiliar de Jep Krag, diretor técnico, e de Brondolo, diretor-geral, não conseguia fazer com que a prensa copiadora funcionasse satisfatoriamente; não era possível fazer moldes exatos de estamparia. Como poderiam montar uma carroceria decente?

A partir da esquerda: Moegsen (ferramenteiro-chefe), Brondolo (diretor-geral), Hoffrichter (diretor técnico). Primeiros responsáveis pela produção da Karmann-Ghia do Brasil

Jep Krag, diretor técnico, resolveu com Karmann Jr. lançar mão dos serviços de Karl Heinz Ernst Hoffrichter, que trabalhava na Karmann desde 1952. Mais que experiente, era uma pessoa cordial. Afeiçoou-se imediatamente aos operários brasileiros – uma história muito conhecida, mas sempre impactante – e pouco depois assumiu a chefia técnica e também as diretrizes da expansão da fábrica. Verdadeiro fundador da seção de ferramentaria, Hoffrichter decidiu enviar trinta jovens empregados brasileiros a Osnabrück, em grupos de dez, durante três anos. Elcio Potomati, admitido na empresa em 9 de março de 1964, aos dezoito anos, como aprendiz de ferramentaria, permaneceu dois anos em Osnabrück, onde aprendeu usinagem, construção de estampas, try-out (ajuste das peças com vistas à produção em série), dispositivos de montagem e modelagem. A viagem, feita de navio, proporcionou visões da ilha da Madeira e da Holanda, e se completou em Wolfsburg. "Só não entramos na Inglaterra por causa das leis de quarentena", disse Potomati. Eles temiam a contaminação por doenças tropicais. Potomati fez uma brilhante carreira de quase meio século, permanecendo na empresa até hoje, como supervisor de manutenção de ferramentas.

A partir da esquerda: a fábrica formava seu pessoal com longos períodos de treinamento na Alemanha; o ônibus da Mercedes-Benz, a Scania-Vabis, a Mercedes-Benz, a General Motors e a Ford encomendam à Karmann-Ghia do Brasil moldes, prensas e ferramental de carrocerias. À exceção da GM, os desenhos vinham de fora

Em 1962, em um momento de intensa turbulência política, em meio à renúncia do presidente Jânio Quadros e às incertezas constitucionais que se seguiram a ela, o Karmann-Ghia brasileiro foi apresentado. Gessner guardou silêncio sobre eventuais artimanhas com as quais liberou a empresa junto ao Geia. Disse apenas: "Sabe como é, a renúncia do presidente criou um caos. Muitas vezes, pode-se aproveitar oportunidades surpreendentes".

O Karmann-Ghia brasileiro era igual ao alemão, a não ser pelo motor e pelas saídas de ar dentro do habitáculo. Já tinha ganhado o coração dos consumidores antes de ser lançado, de modo que não houve problema de vendas. O problema estava mais nos próprios consumidores, a parcela mais malvista da sociedade brasileira da época. Muitos evitavam demonstrações de riqueza. Em parte por causa de hábitos de recato da educação cristã e em parte por um patrulhamento político que se dizia "de esquerda", o adjetivo "rico" equivalia a uma espécie de impropério.

O Karmann-Ghia dava mais conforto para duas pessoas que o sedã, pois os bancos eram mais generosos e posicionados mais no centro em relação ao entre-eixos. Ele tinha uma característica ruim, a corrosão, mas ela demorava por se fazer notar.

Embora capotas conversíveis fossem uma das especialidades da Karmann, a escolha do modelo cupê foi feita sem pestanejar. Schultz-Wenk tinha clara noção do mercado e sabia que, no Brasil, o Karmann-Ghia não cumpriria nenhuma função esportiva, mas seria um carro de milionários, um segundo carro, em uma época em que a maioria não tinha sequer o primeiro. Os preços praticados aqui eram pelo menos 50 por cento mais altos do que no exterior, e isso ocorria por causa dos impostos e do volume menor de produção. O fabricante lucrava de 70 a 100 por cento mais aqui do que no exterior, devido aos salários incomparavelmente mais baixos dos operários. O que se perdia na economia de escala era compensado em parte pela escassez do produto, que gerava a cobiça por ele. Um conversível seria pouco prático em um país tropical que dizia gostar muito dos conversíveis, mas, na hora da compra, escolhia os carros fechados. O apelo maior do Karmann-Ghia era a robustez Volkswagen.

O Karmann-Ghia é produzido no Brasil

Material de divulgação do Karmann-Ghia brasileiro

O lançamento

No Brasil, o lançamento do Karmann-Ghia foi cercado de muita expectativa, talvez mais que na Alemanha, pois o carro já era conhecido e extremamente admirado. Mauro Salles, decano dos cronistas automobilísticos brasileiros, foi o responsável por modernizar a imprensa automobilística nacional, que até então não passava de um sonolento catálogo de fotos e dados desatualizados, divulgados imperfeita e apressadamente a partir do material de divulgação das fábricas. Mauro Salles introduziu por aqui o road test, que incluía medições de engenharia sobre o desempenho, além de dados técnicos. O entusiasta brasileiro tinha acesso a esses dados em revistas estrangeiras ou em algumas traduções de periódicos de circulação irregular.

Salles inspirava-se no estilo de Tom McCahill, da revista *Mechanix Illustrated*, que escrevia com humor, recheando os textos com metáforas e até citações de autores famosos, além de opiniões de personalidades do mundo automobilístico. Contratado pela *Mecânica Popular*, versão brasileira da *Popular Mechanics*, ele se inspirava também em Floyd Clymer, Leo Donovan e Jim Whipple e criou a coluna "Sirene de São Paulo", cópia nacionalizada da "Detroit Listening Post". Salles nos deixou vívidas descrições da ansiedade e da expectativa causadas pelo Karmann-Ghia em uma série de reportagens de 1960 a 1961. Nessas matérias pode-se ter uma ideia do clima da época.

A partir da esquerda: lançamento do Karmann-Ghia no Salão do Automóvel brasileiro; no primeiro Salão do Automóvel, um habilidoso mecânico nacional aplicou uma grade falsa, acrescentou rabos-de-peixe e defletores, conseguindo um protótipo antes mesmo da Volkswagen lançar o Karmann-Ghia; o Karmann-Ghia 1200

Artigo de Mauro Salles em um jornal carioca que especula sobre novos veículos

Mauro Salles possuía modelos alemães antes do lançamento do carro brasileiro, chegando a divulgá-los na *Mecânica Popular*. Em duas ocasiões arriscou-se a entrar na boataria ao informar os leitores da iminente introdução do Karmann-Ghia no Brasil, publicando fotos do próprio carro. De maneira ousada, repetiu a dose em um número especial da revista para o II Salão do Automóvel – sem ter certeza de que o carro ia ser lançado. Devido aos prazos de publicação, que hoje seriam considerados excessivos, mas necessários naqueles tempos menos automatizados, escreveu uma reportagem como se o carro já tivesse sido lançado. No final, o carro não foi lançado.

Houve quem imaginasse que Mauro Salles estava a soldo da Volkswagen, escrevendo essas coisas não para dar um furo de reportagem, mas para pres-

O Karmann-Ghia é produzido no Brasil

No alto: o Karmann-Ghia nacional era uma realidade. O engenheiro Kröner é o segundo à direita.
Acima: Brasília esportiva de 1960

sionar o Geia a autorizar a fabricação do Karmann-Ghia. Tanto Salles como Gessner, que tinham um contato cordial desde a época da Rio Motor (serviço autorizado Volkswagen no Rio de Janeiro), afiançaram-me que essa versão era intriga da imprensa, já que Salles era amigo da família Aranha, coproprietária da Willys, e era igualmente fã do Renault Dauphine, de motor traseiro, o maior concorrente do Fusca.

Depois de junho de 1962, finalmente o Karmann-Ghia brasileiro começou a aparecer nas revendedoras das grandes capitais. Os salões do automóvel e as feiras de Caio de Alcântara Machado tinham enorme repercussão e interesse na época, muito mais que hoje em dia. Ocupavam em São Paulo, no Parque do Ibirapuera,

Em 1962, era possível encontrar a rodovia Anchieta deserta em plena luz do dia. Curiosamente, na foto,
um Karmann-Ghia anda sozinho em frente à fábrica

um pavilhão especialmente improvisado em meio a construções dc Oscar Niemeyer. Havia pequenos barcos a motor e um restaurante, que hoje seria também considerado pequeno, em um de seus lagos (o maior), localizado na frente da exposição.

Embora fosse muito aguardado e conhecido, em especial depois do *forfait* no II Salão do Automóvel, no final do ano o Karmann-Ghia apareceu como verdadeira estrela no III Salão, no Parque do Ibirapuera, que havia sido inaugurado seis anos antes. Em termos de lançamento de automóveis, esse evento foi o termômetro da vitalidade da indústria.

O "baianinho"

O Karmann-Ghia brasileiro tinha um apelido interno na fábrica: "baianinho". Há várias versões para explicar essa denominação. Uma delas, expressa pelo senhor Georg Maisch, é que os técnicos alemães, principalmente os engenheiros Jep Krag e Kröckner, gostavam muito das iniciativas improvisadas e da capacidade de trabalho do operário brasileiro. Ouviram falar das Casas Bahia, de Samuel Klein, que já fazia muito sucesso no ABC paulista, e ficavam dizendo "baiáááno" para cá e para lá, imaginando que se tratava de um tratamento entre os brasileiros, regional e afetuoso. E realmente era. Alguém teria dito "baianinho", e o apelido ficou – para o carro. Quando o Karmann-Ghia TC foi lançado, o apelido serviu para diferenciar os dois produtos: o "baianinho" continuou sendo o Karmann-Ghia original.

O Karmann-Ghia "baianinho", muito semelhante ao Karmann-Ghia alemão de 1959 e de 1960, sofreu algumas simplificações por falta de capital, por causa do tamanho reduzido do mercado. No sistema de aeração interna, por exemplo, eliminaram-se saídas para o habitáculo traseiro; havia um padrão único de estofamento, com vinil nas bandas laterais e faixa central de poliéster; o motor era o obsoleto de 1.192 cm³, com 36 hp (SAE, ou 30 cv DIN), 6,6:1, desenho de 1956, bloco, virabrequim, cilindros e cabeçotes mais primitivos, pedestal do dínamo monobloco, ventoinha rápida e caixa da ventoinha arredondada, sem dutos e mangueiras laterais – não havia fundição de metais leves, e o bloco era apenas usinado por aqui; as grades dianteiras eram prensadas em uma peça só; tinha traves horizontais encaixadas; não dispunha de cores metálicas. Uma das diferenças não fazia parte da simplificação: o para-choque do "baianinho" tinha reforços tubulares com garras aumentadas, uma concessão às dificuldades do trânsito brasileiro. Nesse quesito, o modelo era igual ao oferecido nos Estados Unidos e no Canadá.

A fabricação seguia o esquema produtivo ditado por Osnabrück. As cem primeiras unidades foram comemoradas, assim como as quinhentas iniciais. Havia filas de espera, com pedidos já pagos; em certas regiões do Brasil, a espera era superior a um ano. Excetuando-se os artigos de Mauro Salles, que interromperia sua atividade jornalística para se dedicar brevemente ao governo

Alguns momentos da produção do Karmann-Ghia, que seguia a manufatura de Osnabrück

e depois à publicidade, a imprensa especializada não fora nada entusiástica, e por vezes mostrou-se impiedosa. Os comentadores achavam que as linhas, a dirigibilidade, a sensação geral, os freios e a mecânica não permitiam julgar o Karmann-Ghia segundo parâmetros mais apropriados para carros esportivos.

O Karmann-Ghia número 500: equipado com supercalotas para a foto

O Karmann-Ghia número 2.500 em sua foto comemorativa

Um dos mais talentosos road testers brasileiros, o inesquecível engenheiro e piloto de corrida Expedito Marazzi, escreveu que "muitas pessoas consideravam o Karmann-Ghia um logro". Tendo introduzido uma forma descontraída de fazer testes em automóveis, o "Impressões ao dirigir", na revista *Quatro Rodas* de fevereiro de 1963, ele relata o desapontamento de um motorista com o desempenho do Karmann-Ghia.

Em 1963, o Karmann-Ghia novamente é capa da revista *Quatro Rodas*

Opções de modelos

O Karmann-Ghia vinha com pinturas sólidas: vermelho, azul-claro, azul--escuro e branco, e também a atraente combinação bicolor, saia e blusa, com opções de teto preto com para-lamas, capô e portas brancas (o mais comum), ou amarelo, vermelho e azul, em tonalidades mais claras ou mais escuras.

O painel de instrumentos do Karmann-Ghia, igual ao do modelo alemão, tinha a parte superior forrada em aba vinílica, em gomos, de função antiofuscante. No meio havia uma grade para alto-falante, e, diante do motorista, um enorme velocímetro VDO, pareado a um relógio igualmente visível; entre os dois, um medidor de nível de gasolina. Naquela época, eram chama-

O Karmann-Ghia 1964 e detalhes de seu motor e interior. O modelo restaurado do senhor Henrique Erwene

dos de "reloginhos", e até "relógio de velocidade" ou "de gasolina". Uma cinta de alumínio parafusada prendia a aba antiofuscante ao painel. O painel de instrumentos tinha ainda cinzeiro de acabamento arredondado e adornos de alumínio, o mesmo que caracterizava os Fuscas de 1953 a 1957, afastado para a direita; ao lado, também no centro, um orifício com tampa, que podia ser retirada para a colocação de um rádio, que na época conseguia captar transmissões em ondas curtas, médias e longas (as curtas e as longas são indisponíveis hoje); a frequência modulada era quase inexistente e de difícil captação.

O estofamento tinha uma faixa central de tecido lavável de alta qualidade, em cinza, e laterais de plástico vinílico. Embaixo do painel havia uma garrafinha para esguichar água no para-brisa e o manter relativamente limpo, do mesmo modo que no sedã fabricado em 1961 e 1962. Ela era conectada por uma mangueirinha a uma pequena peça de metal cromado com base de borracha, em forma de gota, instalada no para-brisa, à qual os brasileiros chamavam de "brucutu" (talvez pelo formato, que lembrava a cabeça de um personagem de histórias em quadrinhos muito apreciado na época, chamado Brucutu). Era uma das peças mais furtadas do Karmann-Ghia, em uma época em que furto de logotipos e emblemas era uma verdadeira praga para os donos e uma festa para os ladrões. Durante muitos anos, constituiu a tristeza dos colecionadores, até que algumas empresas se especializassem em peças de restauração. Os ladrões geralmente utilizavam o "brucutu" para fazer anéis e outras bijuterias.

O "brucutu"

A aeração interna era feita com ar que vinha diretamente do exterior (e entrava pelas grades frontais) e ar aquecido posto para circular em volta dos cilindros e cabeçotes. No primeiro caso, o ar era obtido pelo acionamento de botões que podiam ser puxados ou empurrados, posicionados nas extremidades do painel de instrumentos; no segundo caso, girando-se uma roseta ao lado da alavanca do câmbio.

Os espelhos retrovisores externos eram cromados, e o interno era de alumínio. Os primeiros, com elegante desenho de base alongada, em angulação idêntica à do para-brisa, ficavam colocados sobre a linha de caimento do para-lama esquerdo. O retrovisor interno tinha formato retangular e aproveitava a ampla área coberta pela vigia, maior que a do Fusca. Os pisca-piscas utilizavam montagem cromada e lente de vidro transparente, universal, idêntica à do Jeep Willys e de outros veículos comerciais; ficou um pouco menor do que o desenho alongado do modelo alemão, executado em plástico, em 1962, na cor âmbar.

Todos os sofisticados e discretos detalhes de acabamento foram mantidos: o letreiro cromado em que se lia "Karmann-Ghia" em grandes proporções, orgulhosamente fixado na parte superior direita da tampa do motor, sugeria que o carro era "assinado", prenunciando os produtos de grife dos anos 1970. O emblema alemão colocado no nariz do veículo e no centro do volante de direção, com ilustrações que mostravam o castelo e o lobo, representantes da ci-

dade de Wolfsburg, foi substituído por um emblema que representava a cidade de São Bernardo do Campo, no qual estavam reproduzidos um bandeirante, um índio e o brasão da municipalidade.

A Karmann-Ghia do Brasil fabricou e vendeu 759 cupês em 1962. No ano seguinte, chegou a 2.500 unidades, feitas com baixíssimo grau de automação, verdadeiras obras de artesanato, com procedimentos e cuidados que copiavam exatamente o modo Karmann. Era um carro artesanal, como os grandes carros do automobilismo.

O Karmann-Ghia compartilhava ainda outras evoluções do sedã, como luzes assimétricas nos faróis sealed beam. As forrações do interior do carro, antes feitas de algodão e náilon, eram então executadas em plástico vinílico, assim como o reservatório do fluido de freios, bom para se olhar o nível quando estava novo.

No início o Karmann-Ghia custava 1,68 milhão de cruzeiros, o mesmo que um Simca Chambord e quase tanto quanto um Aero Willys 2600. O único carro sensivelmente mais caro era o FNM 2000 JK, que custava 2,45 milhões de cruzeiros. Um dos primeiros compradores foi o comentarista esportivo Claudio Carsughi, um conhecedor de automóveis que conservou seu Karmann-Ghia durante décadas.

Os manuais do proprietário e de reparação de toda a linha Volkswagen, exclusivos para as revendas, eram escritos e impressos em Portugal. Falavam de travões (freios) e tejadilhos corrediços para o teto solar, inexistentes no Brasil até 1965. Os manuais do Karmann-Ghia sempre foram feitos em português do Brasil, e eram obra do jovem alemão Frank Dieter Pflaumer.

Antes de vir para o Brasil, Pflaumer trabalhava como mecânico em uma grande concessionária Volkswagen da Pensilvânia. Entre os vários esportes que praticava, estavam as competições de rali para carros esporte em seu Porsche

O jovem alemão Frank Dieter Pflaumer

Speedster. Em uma prova, ele conheceu o presidente da Volkswagen do Canadá, Werner Jensen, verdadeiro fanático por esses carros. Entusiasmado com o enorme desenvolvimento da Volkswagen no Brasil, ele disse, numa conversa com outros executivos da Volkswagen of America, que "precisavam de gente com experiência internacional para o Brasil". Olhando para Frank Pflaumer, mandou-o para cá. Em fevereiro de 1962, foi cuidar do departamento de garantia e técnicas de serviço da Volkswagen do Brasil, que compreendia o ferramental especial e a literatura técnica, que incluía a tradução de manuais em alemão e sua adaptação ao produto nacional.

Esse trabalho coube como luva a Pflaumer, que era treinado para se dedicar a detalhes, era preciso e tinha disposição para dar o máximo de si, características que se casavam com o espírito instilado pela Volkswagen e pela Karmann-Ghia em todos os funcionários, da presidência aos escalões mais baixos. Trabalhava aos sábados e aos domingos, muitas vezes fora de suas atribuições, por afeição a Schultz-Wenk e à empresa. "Eu era pago para fazer meu trabalho, não era favor. Era uma equipe. Todos nós trabalhávamos assim." Elcio Potomati e Ernesto Kiem relatam o mesmo espírito na Karmann-Ghia.

Frank Pflaumer passou a cuidar do prédio circular e envidraçado que a Racz Construmag acabara de construir no início do terreno da Volkswagen, a chamada Ala Zero, voltada para a Avenida Demarchi, menina dos olhos do ex-arquiteto Schultz-Wenk: o serviço de assistência técnica dedicado aos 1.500 veículos de uso interno da fábrica e aos donos particulares cujos problemas não eram resolvidos nas concessionárias. Hoje o prédio cumpre a função de recepção. Ali Pflaumer atendia os primeiros Karmann-Ghias, "vítimas" de desajustes. Ele diz: "Outro que marcou foi Harald Gessner, da concessionária que eles tinham no Rio de Janeiro, e que depois fez a Karmann-Ghia. Sujeito engraçado, muito gozado. Inventava apelidos e nomes para todo mundo. Tudo que era técnico, ele delegava ao Krag. E Chris Trojnberg gostava da vida! Tinha sotaque. Era o começo da fábrica, na margem direita. Lauro Gomes, prefeito de São Bernardo, mandou construir a estrada em volta, a Avenida Demarchi. O prédio era bem amplo, com enormes janelas. Dava para ver todos os que se aproximavam da fábrica".

De grande interesse para a Karmann-Ghia foi a inauguração da fundição de metais leves na Volkswagen. Única no Brasil e a maior em todo o continente, tinha 7.200 m², nos quais vinte fornos executavam todo tipo de ligas de magnésio e alumínio, consumindo 11 t de magnésio e 6 t de alumínio por dia. No entanto, os problemas se avizinhavam.

O maior deles era a inflação, que trouxe a Schultz-Wenk e a Gessner a lembrança da Alemanha totalitária em

Inauguração da fundição de metais leves da Volkswagen. De terno claro, Schultz-Wenk; à sua esquerda, o ministro Lúcio Meira, que deixara a presidência do Geia, mas ainda mandava no órgão; à esquerda, o onipresente Trojnberg

que viveram. O primeiro foi convocado por Leonel Brizola, a essa altura deputado estadual. O então presidente João Goulart teria participado desse encontro, no qual se apresentou a ideia de criar uma espécie de "monopólio estatal" na indústria automobilística, sendo a Volkswagen a empresa escolhida. Para tanto, seria preciso um brasileiro para conduzir a companhia.

Schultz-Wenk viu-se cercado por dúvidas de natureza ética e política. Conversou com Gessner. Ambos tinham certeza do perigo que rondava sua obra, pela situação política instável no Brasil, muito semelhante à da Alemanha da sua juventude. Resolveram se naturalizar. Na época, não era possível manter duas cidadanias. Como alemães, não poderiam exercer nenhuma função naquele novo empreendimento.

E o que fazer com a Karmann-Ghia? Qual o futuro de um carro esportivo em uma política voltada "para o povo"? Schultz-Wenk e Gessner concordaram que a principal atividade da fábrica estaria livre dessas injunções. O que nenhum dos dois imaginava era que tudo não passava de um aceno misturado com ordem. Schultz-Wenk e Gessner acreditaram na história. Suas viagens à Alemanha eram cada vez menos frequentes. Quando iam para lá, não viam a hora de voltar. Tinham restrições ao modo de vida alemão; guardavam em silêncio as provações que haviam passado; não estavam mais habituados com sua terra natal. Acima de tudo, achavam que estavam fazendo o melhor para a Volkswagen e para a Karmann-Ghia do Brasil. Com um misto de dor e convicção, decidiram tornar-se brasileiros.

O deputado Ulysses Guimarães exultou com a cidadania brasileira de Schultz-Wenk. Ele defendeu publicamente a empresa no Congresso, outorgando-lhe menção honrosa, que foi recebida pela esposa do empresário, Eta

Contentes com a decisão tomada, participaram-na a Nordhoff e a Wilhem Karmann Jr. Karmann aprovou a medida, aliviando a consciência de Gessner; Nordhoff, não. Disse a Schultz-Wenk que tornar a empresa brasileira desvirtuaria todo o projeto. Uma das cartas de Nordhoff esclarece que, ao enfrentar uma exigência similar na época do regime nazista, ele havia se recusado a obedecer. Isso lhe custara a ascensão na carreira, pois nunca mais fora promovido.

Nesse mesmo ano, Luigi Segre visitou o Brasil a convite da revista *Quatro Rodas*, por ocasião do II Salão do Automóvel. Foi extremamente cortejado. Os repórteres ressaltavam sua simpatia, a elegância italiana no trajar e o enorme sucesso com o público feminino. Era uma pessoa cativante, parecia trazer consigo o sol da Itália. Soube da entrega do primeiro Prêmio Lúcio Meira, igualmente patrocinado pela revista. Prontamente ofereceu um estágio na Ghia para o eventual vencedor, embora não fizesse parte do júri. Como não concordou com o resultado, preferiu dar seu próprio prêmio ao que lhe parecia ser o melhor estilista. Tratava-se de um jovem mineiro, Márcio Piancastelli. Quando Segre retornou à Itália, recebeu uma notícia desagradável: era portador de um câncer.

Capítulo 10

EVOLUÇÃO ANO A ANO

1963

Em fevereiro de 1963, o proprietário da Ghia italiana e um dos sócios da Karmann-Ghia do Brasil, Luigi Segre, faleceu em consequência de um câncer que havia sido diagnosticado cerca de um ano antes. A tragédia pessoal que se abateu sobre a família do talentoso vendedor podia ser um desastre para a empresa, no momento em que a última encomenda da Karmann, um desenho que pudesse substituir o antigo Karmann-Ghia, havia sido dada a Filippo Sapino. Sapino elaborara um desenho, aprovado por Segre, que preservava a tradição e o equilíbrio

Esboço de um possível substituto para o Karmann-Ghia desenhado por Filippo Sapino

A fábrica da Ghia

típicos da escola iniciada por Giuseppe Pinin Farina, Mario Boano e Franco Scaglione. O projeto, entretanto, foi paralisado em função da morte de Segre, pois era ele, e apenas ele, quem fazia a ligação com a Karmann e centralizava as decisões.

As linhas básicas projetadas por Sapino foram aproveitadas no projeto do Hino (à esquerda) e no do Simca 1000 cupê (à direita)

Diante da rejeição da Volkswagen, as linhas básicas do desenho de Sapino foram utilizadas por uma indústria japonesa conhecida por seus caminhões, a Hino, e também no Simca 1000 cupê (depois 1200), aperfeiçoado por Giorgetto Giugiaro, que trabalhava para Nuccio Bertone. Um antigo diretor da Maserati, Gino Rovere, assumiu o lugar de Segre. Como as vendas do Karmann-Ghia 1500 mostravam-se desapontadoras, voltou-se a pensar no modelo conversível.

Projetos de Sartorelli para substituir o Karmann-Ghia 1500

Detalhes do painel do Karmann-Ghia alemão de 1963

No ano de 1963, o Karmann-Ghia brasileiro teve suprimida a garrafinha que ficava embaixo do painel e era usada como reservatório e bomba para o líquido (água e detergente) limpador do para-brisa. Um complicado botão de pressão, localizado no centro do interruptor de acionamento do limpador, liberava, em circuito fechado, o ar previamente comprimido dentro do reservatório que abrigava o líquido, agora colocado sob o capô dianteiro, apenso à roda de estepe. Era dotado de uma válvula de enchimento idêntica à dos pneus, o que permitia que se injetasse o ar comprimido que fazia funcionar o sistema. O botão no painel possuía uma mola; ao ser comprimido, ele liberava a pressão do ar, que injetava o líquido em tubulações que iam até os orifícios do "brucutu". Havia como novidade dois reservatórios confeccionados em plástico vinílico branco (fluido de freio e água do limpador do para-brisa), que logo ficavam amarelados, obstruindo a visão do nível dos líquidos.

Em 1963, foram completados 1.868 Karmann-Ghias. Em setembro, comemorou-se o Karmann-Ghia de número 2.500. No mercado de carros de luxo, o Aero Willys 2600 encontrou 14.541 compradores e o FNM 2000 JK, 258, enquanto a Simca comercializou 9.565 unidades.

O Karmann-Ghia alemão de 1963 cupê: as grades alongadas continuaram mantendo seu charme

O Ferrari 250 California (à esquerda) e o Volkswagen Variant 1500 (à direita)

A linha 1500 começou a sofrer problemas de arrefecimento do motor plano, que poderiam ser resolvidos com a adoção de grades nos para-lamas traseiros, medida adotada na Variant e no Volkswagen 1600 TL para os quais a consultoria da Pininfarina continuou sendo usada. As novas lanternas do 1500 S eram idênticas às do Ferrari 250 California.

Se a presença de Luigi Segre não era suficiente para levar todos os projetos para a Ghia, a situação parecia cada vez pior na sua ausência. Os desenhos para substituir o Karmann--Ghia, como a dianteira sem pestanas, nem

O Karmann-Ghia Curlicues de Sartorelli

sequer chegaram à etapa de protótipo. O Karmann-Ghia 1500, agora equipado com motor 1600, havia entrado em uma espiral descendente. Não havia a menor justificativa para conversíveis, tampouco para modificações na carroceria.

Gino Rovere acabou falecendo menos de um ano depois. Sartorelli se afastou da casa Ghia, que estava quase acéfala, preferindo ficar apenas com a OSI, que iniciava vida própria nas mãos de Moretti. Tom Tjaarda foi para a Pininfarina, e Giacomo Gaspado Moro, o ex-produtor da Cinecittà, assumiu a Ghia.

Linha de montagem de Osnabrück em 1963: o Volkswagen conversível alterna-se com o Karmann-Ghia

1964

As modificações do sedã Volkswagen foram obviamente incorporadas ao Karmann-Ghia. A mais notável foi a mudança do desenho do tanque de gasolina, que permitiu um aproveitamento mais inteligente (cerca de 20 por cento a mais) da capacidade volumétrica do porta-malas. Essa modificação criou alguns espaços sob o capô dianteiro. O reservatório de água do lavador de para-brisa ficou apenso aos furos da roda do estepe. Suprimiu-se ao longo do ano a pintura bicolor, e houve o acréscimo das cores verde, branca, vermelha e azul. As duas últimas mudaram um pouco de tonalidade e ficaram mais chamativas. O padrão dos pigmentos das tintas fabricadas segundo o sistema patenteado com a marca Duco vinha da Alemanha, e houve problemas em acertar a cor. Schultz-Wenk, com sua dificuldade de se expressar em português, decidiu mostrar aos responsáveis suas meias para deixar claro qual era o tom de azul. Como "quem conta um conto, aumenta um ponto", espalhou-se a história de que a cor do carro tinha de ser igual à da meia do presidente, como se as decisões dependessem apenas de um capricho autoritário.

O Karmann-Ghia se firmou como um carro de alto luxo, sendo muito cobiçado. Em decorrência de dificuldades do mercado, a Volkswagen modificou um pouco sua política de vendas, diminuindo o preço para competir melhor nesse mercado. Nas famílias mais abastadas, havia o ritual de os pais presentearem os filhos que entravam na faculdade com um veículo, e o preferido era o Karmann-Ghia. A produção continuou crescendo, e as filas de espera eram de cerca de seis meses. O carro era vendido com ágio de até 30 por cento para os compradores mais apressados.

Schultz-Wenk conseguiu da Alemanha investimentos que chegavam a 100 milhões de dólares. Enfrentou muitas restrições internas, algo que se podia observar pelas cartas cada vez mais protocolares que recebia de Nordhoff. A Volkswagen tinha 6 mil novos empregados e a Karmann-Ghia, 1.200. O Volkswagen vendia como nunca, dominando totalmente a preferência do público, com mais de 50 por cento do mercado. Não havia carros suficientes, e o comprador enfrentava filas nas revendas e ágio no

A revistinha de distribuição interna da Volkswagen, *O bom senso*, reproduziu o Karmann-Ghia em 1964, no bairro do Alto da Boa Vista, em São Paulo

mercado negro. Fusca, Kombi e Karmann-Ghia tornaram-se uma proteção contra a inflação. Seu acabamento era igual ao do Volkswagen alemão nos setores de pintura e motor.

O presidente da Alemanha, Karl Heinrich Lübke, homem muito respeitado, visitou o Brasil, foi recepcionado na Volkswagen e recebido pelo presidente Castello Branco. A vinda meio apressada de Nordhoff e a visita protocolar do presidente alemão ao Brasil estavam relacionadas à melhoria das relações entre Schultz-Wenk e o novo governo, graças à qual postergaram-se algumas ações políticas relacionadas à cidadania brasileira de Schultz-Wenk e a suas ligações com o governo deposto de João Goulart. Evitava-se a todo custo tocar no assunto publicamente. Tudo se passava como se Lübke, Nordhoff e Schultz-Wenk fossem representantes da Alemanha. A importância desses fatos na manutenção da Volkswagen e da Karmann-Ghia do Brasil não pode ser subestimada, segundo Harald Gessner, presença constante e discreta nessas reuniões.

Schultz-Wenk com os presidentes Lübke e Catello Branco

1965

Em 1965, Giacomo Moro contratou o mais talentoso desenhista da Carrozzeria Bertone, Giorgetto Giugiaro, que iria ficar muito famoso nos anos 1970. Ele havia desenhado um dos maiores clássicos da Alfa Romeo, o cupê Giulia. De sua prancheta saiu um harmonioso conversível de perfil baixo, em

Karmann-Ghia projetado por Giorgetto Giugiaro: sua dianteira lembrava a do Corvair 1965

Mais detalhes do projeto de Giorgetto Giugiaro

forma de cunha, que preservava as proporções do Karmann-Ghia original, com uma dianteira que lembrava a do Corvair 1965, posteriormente aproveitada no Brasil, com modificações, no SP1 e no SP2. Ele atingiu a forma de protótipo e está exposto no museu da Karmann até hoje, mas foi rejeitado pela Volkswagen.

Surgiu mais uma alternativa para tentar salvar o Karmann-Ghia 1500, Tipo 34, que continuava indo mal no mercado. A linha da cintura, a dianteira e o para-brisa, assim como a traseira, seguiam o Tipo 34 de Sartorelli, sem pestanas. O três-volumes foi abandonado e adotou-se o fastback, em plena moda nos Estados Unidos. No geral, lembrava o Rambler Marlin, o Charger e o

Ford Torino da época. Foram-se os para-lamas e o capô e entrou em cena uma "*coda quase tronca*", denominação que ainda não existe, mas pode descrever o desenho. "*Coda tronca*" é a expressão italiana usada em todo o mundo para descrever um desenho aerodinâmico em término abrupto, em ângulo reto ou inclinado, da parte traseira dos veículos.

Embaixo: o folheto comemorativo dos 90 anos da Karmann alemã.
No pé da página: o pátio de Osnabrück

Em agosto, a conduta mais que conservadora e frugal da Volkswagen, ainda reflexo da guerra vinte anos após seu término, resultou na instalação do motor 1300 no Karmann-Ghia, assim como aconteceu com o Fusca. Já havia o motor 1500 da Kombi e o 1600 da série S do motor-mala da linha 1500, mas o Karmann-Ghia original teve de se contentar com o 1300, com mesmo bloco, cilindros e pistões do 1200 de 1961, acoplados ao virabrequim do 1500, o que aumentava o curso dos pistões de 64 para 69 mm.

No modelo alemão havia duas alavancas, que acionavam o fluxo de ar quente ou frio, ao lado da alavanca do freio de mão

Algumas melhorias foram feitas na Alemanha, mas jamais chegaram ao Brasil: um alternador substituía o dínamo, duas alavancas foram colocadas ao lado da alavanca do freio de estacionamento, adicionadas à antiga torneira que regulava o fluxo de ar quente ao lado da alavanca de câmbio, o que possibilitava a separação dos fluxos de ar quente e frio dirigidos para a dianteira e para a traseira da cabine. Rodas perfuradas com orifícios oblongos, semelhantes às dos Porsches da primeira geração, proviam melhor ventilação dos freios. Substituiu-se a trava da direção Neimann por uma eficiente trava de câmbio, conjugada com a ignição. No Brasil, foram fabricadas naquele ano 1.951 unidades do Karmann-Ghia, como efeito do muito criticado reajuste econômico após o golpe militar.

O Karmann-Ghia de 1965 cupê fabricado em Osnabrück: motor 1300, supercalotas e para-choques sem reforço

1966

Havia solicitações por mais potência, e a resposta da fábrica apareceu em agosto, com o motor de 1,5 litro e a modernização do painel de instrumentos. Os cromados, que rapidamente saíam de moda, restringiam-se aos aros dos instrumentos.

Deu-se mais espaço para a moda das imitações plásticas de madeira. O desenho típico VDO, usado por muitas fábricas alemãs (Volkswagen, Daimler-Benz, Porsche), com listras circulares concêntricas e fosforescentes em verde sobre fundo acinzentado, foi substituído por uma iluminação indireta sobre fundo preto, com ponteiros e números alongados e mais simples, que lembravam carros americanos do início da década de 1950. O velocímetro ficou centralizado e mais profundo, quase idêntico ao que equipava o Ford 1951, ladeado por dois pequenos mostradores: do nível de combustível e das horas. A aba antirreflexiva foi simplificada, e simples furos sobre o material plástico permitiam a saída do som do rádio, que não tinha grade.

A Karmann-Ghia do Brasil iniciava seus melhores anos. A última encomenda havia sido do Itamaraty: uma versão mais sofisticada do Aero Willys 2600. Uma versão limusine alongada foi solicitada pela Presidência da República, que confiou à Karmann-Ghia do Brasil a execução do protótipo e da ferramentaria daquele que seria o máximo em matéria de luxo produzido no país: o Itamaraty Executivo.

No alto, a partir da esquerda: o FNM Timb, o "Turismo Internacioanal Modelo Brasileiro", versão mais potente do antigo FNM JK; protótipos do Itamaraty Executivo na Karmann-Ghia. Acima, a partir da esquerda: o Itamaraty produzido pela Karmann-Ghia do Brasil de frente e de perfil; a Ford, agora dona da Willys, encarrega a Karmann-Ghia do Brasil do ferramental para a carroceria do Galaxie, o melhor carro brasileiro

Foi um ano emocionante para a Karmann-Ghia do Brasil, escolhida para executar também a ferramentaria e os ajustes das peças do Ford Galaxie 1966, a ser lançado em 1967. A venda da Willys para a Ford resultou em um aumento de encomendas para a Karmann-Ghia do Brasil, um prêmio pela execução de todas as versões do Aero Willys 2600. Firmou-se com isso como a melhor fábrica de ferramentaria e moldes do país, suplantando a Brasinca, que havia tentado modificar sua imagem com a fabricação de um esportivo formidável, o Brasinca 4200 GT, com o motor seis-cilindros 4,2-litros dos veículos comerciais Chevrolet Brasil.

No Brasil, 2.400 reluzentes Karmann-Ghias marcaram o retorno ao ritmo normal de produção, ainda que quase sem mudanças: apenas uma trava de câmbio foi adotada. Embora favorável à Karmann-Ghia do Brasil, o ano foi bastante complicado do ponto de vista econômico, pois a nova ordem militar atacava a inflação com políticas econômicas monetaristas, atingindo o funcionalismo público e a emissão de moeda. No âmbito da indústria automobilística, os investimentos voltavam de outra forma, principalmente nas fábricas implantadas durante o governo Kubitschek.

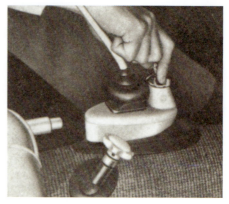

Uma trava de câmbio foi a única mudança adotada no Karmann-Ghia modelo 1966

1967

Quase todas as modificações que ocorreram com as linhas alemãs do Karmann-Ghia em 1961, 1963 e 1965 chegaram aos trópicos. É muito difícil reproduzir em palavras a emoção e o interesse que esses carros produziram nas pessoas na época. O mercado era muito restrito, e o Volkswagen, o popular Fusca, era quase um membro das famílias brasileiras, em um país que era muito mais pobre que hoje. Um Karmann-Ghia mais potente, silencioso e macio era ansiosamente aguardado e foi entusiasticamente recebido.

Evolução ano a ano

No alto: detalhes da montagem do Karmann-Ghia. Acima e embaixo: o Karmann-Ghia 1500 de 1967 tinha rodas perfuradas como as do Porsche e foi amplamente divulgado pela mídia

Propagandas do Karmann-Ghia em 1967

O novo Karmann-Ghia foi denominado internamente de Projeto C e era a maravilha das maravilhas: tinha motor 1500 (que deslocava 1.493 cm^3), além do letreiro em alumínio em que se lia "VW 1500" colocado do lado esquerdo do capô traseiro para indicar, orgulhosamente, a nova condição. Rendia 52 hp (SAE, ou 44 cv DIN). Um Karmann-Ghia com esse motor podia alcançar, sem muito esforço, 135 km/h. Em trecho com declive, aproveitando a aerodinâmica muito razoável do carro, era possível chegar a 145 km/hora, o suficiente para ultrapassar um DKW ou um Gordini e alcançar até mesmo os Aero Willys da época.

"A bela virou fera", disse Expedito Marazzi, reconciliando-se com um carro que admirava, mas não podia aceitar. No teste para a *Quatro Rodas* de maio de 1967, contou a história do motorista de um Fusca que, olhando pelo espelho retrovisor, pensava: "Será que esses donos de Karmann-Ghia ainda não aprenderam que não conseguem ultrapassar um sedã?" Ao ser facilmente ultrapassado pelo Karmann-Ghia 1500 dirigido por Marazzi no teste, ficou boquiaberto. As limitações de velocidade da época (que não se traduziam em maior segurança) permitiam aos pilotos "medir" visualmente as reações dos outros pilotos.

Artigo de Expedito Marazzi na revista *Quatro Rodas* de maio de 1967

A substituição das importações, origem da criação da indústria nacional, espraiava-se para outras atividades. O Brasil deixava de apenas importar para começar a criar. Ainda assim, a inspiração sempre vinha de fora. Havia um

A DDB colocava o ano do carro na correceria. A AMP copiava, acrescentando uma brincadeira com o número 13

Uma cauda reproduzindo a de um tigre aparecia sob o capô do motor dos veículos da Volkswagen do Brasil

modelo promocional do carro, todo pintado com faixas pretas, que foi exibido nas concessionárias e também em filmes para a televisão e o cinema, que tiveram o efeito um tanto inesperado de deixá-lo mais parecido com a figura de uma zebra do que com a de um tigre.

Independentemente do entusiasmo dos road testers e da primeira campanha de publicidade, a fábrica continuou fazendo questão absoluta de desestimular qualquer ideia de considerar o Karmann-Ghia um carro esporte. Utilizou para isso a campanha da agência de publicidade Doyle Dane Bernbach Inc. (DDB), de 1962, que mostrava um Karmann-Ghia com pintura de competição (números e faixas). "Você perderia" eram os dizeres principais, que continuavam com um texto: "E perderia feio. Aquele aerodinâmico desenho do Karmann-Ghia em nada vai ajudar você numa competição. Nem seu novo motor de 52 hp". Outro anúncio (sempre da DDB) mostrava a foto de um vistoso Fórmula Vê (monopostos com motor Volkswagen, grande sucesso naqueles anos 1960) com um Karmann-Ghia logo atrás: "Agora o Karmann-Ghia está 16 hp mais próximo dele". E completava: "Mas não se preocupe…", já que o Karmann-Ghia continuava não sendo um carro esportivo, com ou sem esses 16 hp.

A trava de câmbio era um eficiente dispositivo mecânico antifurto que, como tudo na vida industrial, saiu de moda e depois voltou (nos anos 1990).

Os criminosos conseguiam inutilizar – com certa tranquilidade – a trava de direção do tipo Merly (patente americana de um pino retrátil que se encaixava na árvore de direção), aplicando um violento tranco ao volante. A barra que ligava o volante ao sistema de direção oferecia maior resistência que o pino da trava. Infelizmente, a trava de câmbio acabou sendo suprimida em 1968.

As rodas ganharam furação oblonga para facilitar a refrigeração dos freios. Ficaram idênticas às que equipavam os Porsches 356 da década de 1950, acrescentando um ar mais esportivo ao Karmann-Ghia. A caixa de fusíveis foi colocada sob o painel de instrumentos, com tampa transparente, reproduzindo as ligações, em vez de ficar atrás da parede de fogo, demandando a retirada em um forro em fibra do bagageiro. As ligações do sistema elétrico passaram a ser com terminais e bornes de encaixe, dispensando o uso de parafusos e porcas. A modificação foi simples: bastou rodar a caixa 180º, no eixo transversal do carro, e cortar um orifício na plataforma do porta-malas para expô-la ao interior do carro. O painel de instrumentos manteve-se inalterado, e essa era uma diferença em relação aos modelos alemães. Os instrumentos eram idênticos aos dos anos anteriores, com exceção do velocímetro, que apontava velocidades de até 160 km/h.

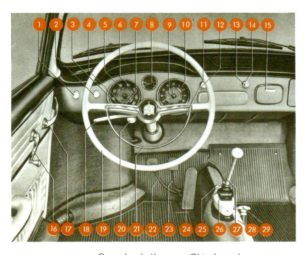

Controles do Karmann-Ghia ilustrados em seu manual de instruções

O capô dianteiro recebeu uma trava de desenho mais desenvolvido, facilitando seu fechamento, que podia ser difícil e até embaraçoso nos modelos anteriores. O distribuidor passou a ser de avanço só a vácuo, como havia ocorrido na Alemanha. A Volkswagen imaginava que o de avanço unicamente centrífugo era indicado apenas para serviços pesados (leia-se Kombi) e que o tipo misto (centrífugo e a vácuo) do motor 1200 era desnecessário. Internamente, houve a supressão da faixa central de tecido, com a adoção de uma forração que talvez tenha sido uma das

Em julho de 1967, a Karmann-Ghia fez uma caçamba de aço para a Kombi picape

melhores já fabricadas do ponto de vista de praticidade e resistência. Tratava-se de um tecido vinílico com perfuração aerada, que lembrava couro e permitia a ventilação, com isso diminuindo os odores da transpiração. Essa forração tornou-se padrão na indústria alemã, sendo adotada pela Mercedes-Benz, pela Opel, pela Porsche e pela Volkswagen. Pela primeira vez no Brasil, a Volkswagen oferecia opções de cor nessa forração para os bancos: vermelho e branco, salpicados de pontos escuros, e preto, a cor que começava a dominar o interior de todos os carros. O vermelho e o branco foram muito criticados, pois em geral julgava-se que as cores da linha Volkswagen, inclusive as externas, eram infelizes. Mas o público comprador aprovou incondicionalmente o carro: 3.009 Karmann-Ghias foram comercializados.

A partir da esquerda: os chassis no pátio da fábrica de São Bernardo do Campo; o engenheiro Heinrich Portele, figura-chave na produção da Karmann-Ghia do Brasil, assiste à construção das unidades 9.999 e 10.000; o discurso de Harold Gessner; os Karmann-Ghias no pátio, já finalizados

O Karmann-Ghia conversível

Ainda no início de 1967, Harald Gessner sentiu-se no direito e no dever de oferecer algo mais, principalmente com a concorrência do comentado Puma GT Volkswagen, que estava por vir e teria melhor desempenho e um estilo mais adaptado às tendências da época. O desenho feliz, feito por Rino Malzoni, de soluções próximas às do Lamborghini Miura, tinha tudo para conquistar o mercado. Gessner considerou que o Karmann-Ghia conversível era um dos carros mais admirados no final da segunda metade dos anos 1950 e considerou ainda o fato de que pouquíssimos haviam sido importados, quase todos por empregados estrangeiros da Volkswagen, que os levavam de volta quando retornavam ao país de origem. Ele mesmo utilizara uma dessas unidades. Alguns o achavam mais bonito que o cupê, e, se não fosse mais rápido que o modelo fechado, era mais divertido (e caro). Lá fora, durou dezoito anos. No Brasil, a montagem, bastante irregular e interrompida, durou dois anos; e as vendas, quase três.

Não se pode dizer que houve uma fabricação em série do Karmann-Ghia conversível. Houve uma série de carros fora de série. A taxa de sobrevivência pode ter sido algo em torno de 70 unidades. Poucos viram do que se tratava, mas quem viu valorizou. Em 2000, o então Karmann-Ghia Clube do Brasil, de Henrique Erwenne, tinha 75 conversíveis cadastrados, dos 173 fabricados. Em função dessa produção tão restrita, pode-se considerar que a versão conversível do Karmann-Ghia brasileiro constitui um modelo especial.

Uma face menos comentada, consequência da definida rejeição pelo mercado, é que o Karmann-Ghia conversível brasileiro foi uma tentativa que não deu certo. Ele jamais foi realmente encampado pela Volkswagen do Brasil, transformando-se em um fracasso mercadológico de Gessner, o homem alegre e cordial que até então colecionara sucessos e que também acabou sendo o primeiro a lançar um produto da Volkswagen inadequado ao mercado. O automóvel era muito caro e estava fora de sintonia com o momento e o mercado locais. Ele foi o primeiro carro da Volkswagen a ficar estocado nos revendedores, coisa tão surpreendente que era vista como inacreditável. Acabou sendo vendido a preços abaixo da tabela, considerada extorsiva. A política de preços ao consumidor da Volkswagen sempre foi leonina, e, no caso das linhas de luxo, mais ainda.

No Brasil, os caminhos da Karmann-Ghia e da Volkswagen estavam de tal modo entrelaçados, devido à amizade pessoal de Gessner com Schultz-Wenk, que sua integração superava a existente entre Wolfsburg e Osnabrück. A introdução do Karmann-Ghia 1500, série Tigre, devia-se ao crescimento da engenharia de produto na Volkswagen. O engenheiro Cláudio Menta explica: "Antes da aquisição da Vemag, existia na Volkswagen do Brasil e na Karmann-Ghia do Brasil um setor chamado de VFT, cuja principal função era a de receber documentos da matriz, como novos desenhos, normas, especificações técnicas, trocas de correspondência com a engenharia da Alemanha, etc. Com o tempo ele passou também a promover o teste de veículos e componentes, tornado-se o embrião da futura engenharia experimental". A engenharia experimental foi liderada por Willy K. Bohlen, com a colaboração de muitos, como Hans Kröger.

A animação de Gessner com os novos setores, após a absorção da Vemag, era ainda maior que a de Schultz-Wenk, que presidira o processo. Até então, a Volkswagen do Brasil tinha apenas engenharia aglomerada no setor de produção, e era ali que se dizia haver planejamento. O que era verdade no que diz respeito à ferramentaria e sua necessidade constante de reprodução, dirigida por Paul Albrecht Höhne, conforme atestam Frank Pflaumer, Hans Kröger e Antônio Ferreira, responsável pelos road tests. "A Vemag tinha desenvolvido excelente engenharia de produto, fornecendo a maior parte da engenharia da Volkswagen, que estava apenas engatinhando", continua Cláudio Menta.

Gessner recebeu a incumbência de fazer a ferramentaria da grande novidade da Volkswagen: "Acompanhei o desenho das duas portas de trás do BR 135, ou Volkswagen 1600, o primeiro carro de quatro portas da Volkswagen no mundo! Foi feita por Cláudio Menta. Vendo como estava crescendo a engenharia da Volks, conversei com o Hoffrichter e pedi ao Maisch que procurasse discretamente algum engenheiro da empresa para cuidar da parte técnica do conversível". Gessner ficara impresisonado com as perspectivas mecânicas do

1600: suspensão de bitola maior, freios a disco e cabeçotes do motor com dupla entrada de combustível. Influenciado pelo que vira em Osnabrück, não queria saber apenas de mecânica. Sua grande contribuição à Volkswagen e ao amigo Schultz-Wenk ainda estava por acontecer, na área de design.

À esquerda: irreverentes, os brasileiros apelidaram o 1600 de Zé do Caixão, devido a sua aparência quadrada.
À direita: as modificações mecânicas do 1600 eram ainda mais importantes do que as aplicadas à carroceria

O jovem engenheiro Günther Hix foi designado para assumir a parte técnica do projeto do conversível de Gessner. Sob o olhar aprovador deste, Maisch explica: "A Volkswagen não colocou um centavo sequer no projeto, que foi todo bancado pela Karmann-Ghia do Brasil". Schultz-Wenk não havia gostado da ideia. Não via nenhuma oportunidade financeira na aventura de um conversível. Não impediu a aventura por amizade a Gessner. O carro nasceu órfão de pai e morreu na primeira infância.

Hix inspirou-se no desenho usado desde o Porsche conversível D (fabricado na Drauz) até o 356 C Cabriolet

A inspiração veio da Porsche: a vigia traseira, de plástico transparente, foi colocada sobre um zíper, podendo ser escamoteada para ventilação – mesmo com a capota fechada. O Porsche 356 havia saído de linha. "Butzi" Porsche, o desenhista do 911, havia bolado para o mercado americano uma capota que pudesse conter uma barra de segurança contra capotamentos. Denominada Targa ("corrida", em italiano) em homenagem às grandes vitórias da Porsche na Targa Florio, tinha duas partes, uma delas dobrável. Muitos carros, a exemplo do Corvette, do Fiat X1/9 e do Mazda com motor Wankel, a copiaram.

Houve uma certa confusão com a capota idealizada pelo engenheiro Hix para o Karmann-Ghia, que não era do tipo Targa. Alguns road testers nacionais e mesmo o mercado logo apelidaram a nova capota do Karmann-Ghia de "Targa". Embora lhe faltasse a coisa principal do Porsche Targa, ou seja, a seção central sobre uma barra de segurança contra capotagens, na coluna B, a visão superficial dos dois era parecida. Destituída de forração, a capota do Karmann-Ghia brasileiro era simplificada. Como no Porsche, a vigia traseira provia visibilidade lateral, coisa que os Karmann-Ghias alemães não tinham.

A operação da capota podia ser feita por uma pessoa. Iniciava-se desabotoando a coluna C, mantida por botões de pressão laterais na carroceria, que exigiam cuidado no trato. A seguir, abria-se o zíper ao longo da vigia e escamoteava-se a capota, cuja estrutura mecânica era um primor de funcionamento e facilidade de operação e fora trabalhada integralmente por Günther Hix. Se algum desses passos fosse esquecido, a capota se rasgava.

O primeiro Porsche Targa, de 1965: uma barra de segurança dividia a capota dobrável da vigia traseira

O primeiro Karmann-Ghia conversível, trabalho do engenheiro Günther Hix, foi montado sobre um modelo 1967, com a lanterna traseira em gota e painel antigo

O protótipo foi feito sobre um modelo 1967, com lanternas traseiras em gota, painel de instrumentos antigo e rodas de furação elíptica. Terá sobrevivido? Em caso positivo, seria o mais raro dos conversíveis. Ele tinha um aspecto diverso dos que foram aprovados para produção: a fixação da coluna C era feita com porca do tipo borboleta. Fotografado por Jean Solari, figurou na reportagem da revista *Quatro Rodas* de janeiro de 1968.

Depois de três anos e 173 conversíveis, Gessner abandonou o sonho. Alguns falam em 174 unidades. Maisch falava, com segurança, em 169, esclarecendo, com um sorriso, que "já estava vendo algumas falsificações". Assim como na Alemanha, o Karmann-Ghia conversível nacional é muito mais desejável do que o cupê. É a quintessência do carro esportivo para diversão, extremamente agradável de dirigir. Para um conversível da época, é sólido; requer apenas reapertos periódicos nos parafusos de fixação da armação da capota.

Márcio Piancastelli: a procura do belo

Ser estilista de automóveis sequer era profissão no Brasil dos anos 1960. Márcio Piancastelli, que por temperamento preferia o trabalho técnico à política, foi o designer mais talentoso empregado pela indústria de um país que não existe mais. Teve a rara oportunidade de se formar na Ghia. E aliou o estágio num dos maiores centros de estilo do mundo à capacidade de improvisação do brasileiro. Adaptava soluções de época com requinte, não como um artesão de fundo de quintal, mas como um músico de jazz. Seu trabalho beirava a arte, como se pode ver na primeira série do Gol, na Brasília e no SP2.

No primeiro Premio Lúcio Meira, Piancastelli ficou em segundo lugar, com o projeto que o publicitário Alcântara Machado batizou de Itapuã. Ele guarda até hoje sua surpresa: "Meu pai não queria que eu levasse aquele toco de pau para os jurados terem uma ideia do carro. Eu nunca tinha feito nenhuma maquete antes, mas meus amigos me incentivaram a participar". O segundo lugar foi um golpe de sorte. "Estava lá o Luigi Segre. Pessoa generosa. Acompanhou toda a premiação, olhou as maquetes. Sei lá como ele era para fazer negócios, não entendo nada disso, mas, pessoalmente, era generoso. Tinha um irmão em São Paulo, adorava o Brasil. Infelizmente, estava com câncer. Deu entrevistas na Editora Abril e foi direto para um hospital na Itália. Meses depois, de novo hospitalizado, pediu ao irmão que me procurasse, com uma passagem de navio e de trem. Luigi Segre queria que eu fizesse estágio na Carrozzeria Ghia. Não esqueceu, e tinha tanta coisa para se preocupar!" Piancastelli desistiu de ser arquiteto.

Ao entrar na Ghia, Piancastelli foi recebido por Sergio Coggiola, que tinha ordem expressa de Segre para recepcionar o brasileiro. Permaneceu dois anos na Ghia, entre 1963 e 1964; conviveu com Filippo Sapino; logo fez amizade com Tom Tjaarda, Sergio Sartorelli e Giorgetto Giugiaro. O ambiente na Ghia era excepcional. Trabalhou em projetos para a Lamborghini, a Vanguard, a Jaguar, a Ford, a Renault, a Alfa Romeo e a Fiat. Seu primeiro trabalho foram os catálogos de manutenção do Fiat 2300 Coupe, cuja carroceria fora desenhada por Tjaarda e Sartorelli.

A partir da esquerda: Márcio Piancastelli trabalha em mais um projeto; Piancastelli (à esquerda) e Filippo Sapino (à direita); a influência americana era total: a maquete apresenta um desenho similar ao do Chevrolet 1969-1970, com asas de gaivota, depois chamado de "Batmóvel"

Convidado para permanecer na Ghia, recusou. A indústria italiana estava entrando em um ciclo de decadência; o Brasil parecia se firmar como "país do futuro". Em novembro, conseguiu emprego na Willys, única escola de estilo brasileiro; entrou no projeto de interior do Itamaraty, do Itamaraty Executivo e do Ford Corcel Belina, para cuja traseira sugeriu modificações que lhe deram um ar italiano, lembrando a linha Fiat 1500. No dia 14 de julho de 1967, foi convidado para trabalhar na Volkswagen, que dominava 51 por cento do mercado: "No dia 15, encostei meu Karmann-Ghia bege na fábrica e não saí mais". Que outro carro poderia ter um estilista?

Harald Gessner, homem que nunca parava de ter ideias, aproximou-se de Piancastelli, que acabava de ser admitido na Volkswagen. Gessner não queria parar no conversível. Foi logo dizendo que queria um Karmann-Ghia exclusivo para o Brasil. Em dois dias, Piancastelli implantou o grupo óptico de desenho mais desejado da década de 1960: o farol quádruplo alinhado verticalmente da Mercedes-Benz. Criou o primeiro protótipo de fábrica do Karmann-Ghia nacional. Finalizado em clay, ilumina a adaptabilidade estética que se tornaria sua marca registrada. Tropeçou no custo, o grande problema de todo estilista: a Cibié não tinha condições de fazer o conjunto no Brasil; o conjunto importado custava em torno de 3 mil reais corrigidos.

Piancastelli criou o primeiro protótipo de fábrica do Karmann-Ghia nacional. Acima, a comparação com o modelo a ser lançado em 1968

Ao lado: para contornar o problema do custo, Piancastelli elaborou um conjunto simplificado. Acima: propôs ainda um modelo renovado do Karmann-Ghia, com base em uma solução de Sartorelli

Com a morte de Luigi Segre, Alejandro de Tomaso, empresário e fanático automobilista ítalo-argentino, assumiu a direção da Ghia. A Argentina era o país mais rico da América Latina no final do século anterior, e o país continuava sendo o maior centro cultural e econômico da América Latina; não era surpresa, portanto, que um empresário argentino pudesse adquirir uma empresa em dificuldades na Itália. De Tomaso tinha fama de controverso, e houve problemas administrativos já de início: Sapino, Giugiaro e Coggiola saíram da empresa. Terminou assim, abruptamente, a colaboração entre a Karmann e a Ghia, que nunca mais seria retomada.

Em 1968, Tjaarda voltaria a colaborar com a Ghia como *freelancer*. É dessa época o seu projeto mais famoso, o De Tomaso Pantera, com motor Ford. No auge da criatividade, também saem de sua prancheta desenhos não tão famosos, como o De Tomaso Mangusta.

Acima e ao centro: o De Tomaso Mangusta. À direita: o De Tomaso Pantera

Os antigos desenhos de Sartorelli e Tjaarda, de 1961 a 1965, com soluções em fastback, seriam aproveitados pela Karmann em um desenho próprio, independente da Ghia. A adaptação mais barata, utilizando peças do Karmann-Ghia original de Boano, também foi aprovada para protótipo, que, com modificações, chegou ao Brasil em 1969 com o nome de TC.

Protótipo do Karmann-Ghia desenhado na Alemanha sobre a base do Tipo 34 alemão de 1965

1968, no Brasil

Depois de um ano cheio de inovações, a Volkswagen parecia estar muito atenta às preferências do mercado e à competição, que havia se acirrado como nunca. A modificação mais importante era – literalmente – invisível e ao mesmo tempo a mais visível: a substituição do sistema elétrico de 6 para 12 V, que ocorrera em 1966 na Alemanha. Adeus, faróis bruxuleantes e amarelados. Mesmo assim, a moda de faróis auxiliares de grandes dimensões, anteriormente necessários, prosseguiu por vários anos.

O painel de instrumentos do Karmann-Ghia brasileiro ficou idêntico ao alemão, exceto pelas simplificações no acionamento dos condutos de ar externo. Todos os botões foram substituídos pelo desenho mais seguro introduzido pela matriz alemã em 1965 no lugar dos que existiam na linha Volkswagen desde 1953.

Interior do Karmann-Ghia de 1968: bancos mais finos e confortáveis, painel imitando madeira

O acabamento canelado dos botões antigos, feito para evitar que os dedos escorregassem, mas nos quais a sujeira se depositava rapidamente, foi substituído por sulcos longitudinais, permitindo melhor encaixe dos dedos. A segurança passiva aumentou, pois o formato anterior, em cálice invertido, criava verdadeiros projéteis em caso de acidentes. Passaram a ser mais achatados, na forma de pequenos vasos.

Na Alemanha, a partir de 1959, o Karmann-Ghia passou a ter botões diferentes dos do sedã: maiores, o que possibilitava melhor pegada. Os botões acionadores do mecanismo de ventilação foram deslocados para baixo cerca de 4 cm. O painel de instrumentos ganhou o elegante logotipo que adornava o capô do motor, em escala reduzida, no lugar em que deveria se instalar o rádio, que, idêntico ao do sedã, perdeu a tampa recolocável. Tudo que implicava gastos estava sendo suprimido. O cinzeiro saiu do lado do porta-luvas e foi fixado sob o painel; totalmente cromado, era um dos melhores cinzeiros da indústria de autopeças, idêntico ao do Porsche 356, mas dava a impressão de ter sido colocado na última hora. A cor preta do volante e dos botões do painel substituiu o creme-acinzentado anterior. O desenho do volante de direção, exclusivo do Brasil, obra do nascente departamento de estilo, também seria usado no B-135, ou Volkswagen 1600, com ângulo de 210°, abolindo a forma de cálice, e como sempre adornado pela barra circular de acionamento da buzina, com o brasão de São Bernardo do Campo no centro, em plástico. Ele tinha o círculo prateado que contornava o botão e desapareceria em 1970.

A visão de metal sob a pintura era considerada pobreza de acabamento; trabalhos em madeira sempre foram apreciados e aplicados aos vários painéis (de instrumentos, nas portas, etc.), pois, sempre admirada, ela continuava sendo uma ponte subliminar com o passado, oferecendo a sensação de excelente acabamento. O avanço da indústria de plásticos, no entanto, oferecia vantagens econômicas insuperáveis; o apelo à imitação dominava. A Vulcan e a Plavinil ofereceram laminados plásticos autocolantes que imitavam madeira. Fizeram a delícia dos fabricantes e consumidores, e hoje são fonte de dor de cabeça para os restauradores. Nos casos em que ainda não foram arrancados, quebram com facilidade de modo irrecuperável, escurecem com a sujeira e se dissolvem caso se tente limpá-los. Alguns achavam que o painel havia empobrecido: perdera os dois grandes mostradores, seguindo o desenho do alemão de 1967, com velocímetro central ladeado por dois pequenos mostradores – relógio e indicador do volume de combustível –, sem cromados em volta do cinzeiro e sob a aba antirreflexiva; perdera também a grade do alto-falante.

Georg Maisch foi o responsável pelo desenvolvimento desse produto. Algumas importações ainda estavam proibidas, principalmente em indústrias com um tipo de monopólio não declarado. O capitalismo nacional voltava a se desenvolver com proteções aduaneiras que beneficiavam os "amigos do rei". O controle era rígido, e certas coisas tinham de ser feitas aqui. A indústria nacional desenvolvera um produto que, segundo eles, era superior ao original alemão. Isso já havia ocorrido com materiais plásticos do estofamento, e realmente os produtos nacionais, em muitos casos, eram melhores que os estrangeiros. A Karmann-Ghia não tinha laboratórios de testes físico-químicos, e os da Vulcan também eram falhos. Eram problemas para o restaurador, já que a trava da direção e a chave de ignição saíam do painel, diverso do modelo europeu. Apenas os carros muito bem cuidados sobreviveram com esse painel. Dois anos depois, o inexorável teste do tempo foi revelando o sério problema químico do revestimento, e aí o Karmann-Ghia original já não era mais fabricado. Como os revestimentos em preto tornaram-se moda, a substituição da problemática imitação de madeira por vinil preto veio como solução óbvia. A aplicação plástica que imitava madeira e os frisos cromados longitudinais eram exclusivos do Karmann-Ghia, um toque de luxo nas décadas de 1950 a 1970. Agora eram quatro frisos: dois na parte inferior, um no quarto superior da forração da porta e um acima da forração, junto ao acabamento no metal.

As rodas do Karmann-Ghia (à esquerda) sofreram influência da Vemag (à direita)

O desenho das rodas, que persistiam estreitas, com 4,5 polegadas, usou a furação trapezoidal das rodas do DKW, desde a série Rio, de 1965. As rodas Porsche ficaram apenas no sedã. Gessner quis aproveitar o desenho planejado para o Volkswagen 1600 de quatro portas. Fez com que a Volkswagen começasse a abandonar sua rígida economia de escala, e cada modelo passou a dispor de uma roda específica. Os tempos de austeridade estavam terminando, devido à ausência de Nordhoff e Schultz-Wenk e ao crescimento geométrico da empresa. A suspensão antiga, diferente da adotada no Volkswagen 1600, exigiu que a fixação nos tambores mantivesse os mesmos cincos parafusos.

Os primeiros Karmann-Ghias vendidos em 1968 ainda tinham as rodas do modelo anterior

As lanternas traseiras abandonaram a forma de gota, ficando idênticas às de uma série muito caprichada do Volkswagen alemão denominada 1500 S. O 1500 S fazia parte da série 1500, o sedã de três volumes lançado em 1961, que nunca conquistou muito os favores do mercado. Isso tornou o Karmann-Ghia brasileiro realmente muito diferente do alemão, se visto de trás, e mais bonito. Coincidentemente, a forma dos para-lamas do Karmann-Ghia se encaixava como uma luva nessas lanternas. No início, elas eram importadas, mas a confecção para indústrias como a Arteb, a Rossi e a Cibié foi fácil. Essa adaptação também foi executada por Günther Hix, que desempenhava a função de engenheiro e estilista, por sugestão de Márcio Piancastelli.

As lanternas traseiras, que historicamente revelavam um desenho com a marca da empresa Pininfarina, acabaram aparecendo em um projeto com a marca Ghia. Elas foram utilizadas no Ferrari 250 GT America e também no Rolls-Royce/Bentley conversível, uma pitada do estilo americano. Ganharam a cor amarela no pisca-pisca e harmonizavam-se admi-

As lanternas traseiras do Karmann-Ghia de 1968 (abaixo) também foram utilizadas no Rolls-Royce (no pé da página)

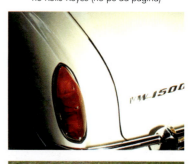

ravelmente com o perfil dos para-lamas traseiros. Foram chamadas de "aerodinâmicas" na publicidade.

A trava, acionada por nova chave, voltou a ser de direção, embutida em receptáculo côncavo, lateralizado, em ângulo com a coluna de direção, idêntica à utilizada no Volkswagen 1600 de quatro portas. Os tapetes continuavam sendo feitos de borracha, cercados de debruns e borracha protetora na corcova da transmissão, na região do acelerador, mas as forrações laterais passaram a ser fabricadas em material vinílico cinza, de alta qualidade, com "gotas".

O Karmann-Ghia cupê de 1968 nas ruas brasileiras: suas cores geraram controvérsias

Se as cores da Volkswagen já faziam muita gente quase torcer o nariz, no Karmann-Ghia de 1968 elas ficaram ainda mais berrantes. Algumas eram vistas como de muito bom gosto, como o verde-musgo. Como as novas cores do sedã da série Tigre, algumas foram classificadas como "de mau gosto", como o azul-natiê e o ocre. E nada de cores metálicas, nem o preto. Alguém decidiu que o verde-limão do sedã não caberia no Karmann-Ghia. Essas cores desvalorizavam os carros na hora da venda.

1969

Leiding introduziu a montagem do Fusca em Ingolstadt e foi escolhido para vir ao Brasil em 1968, antes mesmo do desaparecimento de Schultz-Wenk, como membro de uma comitiva técnica

Rudolf Leiding era um experimentado diretor da Volkswagen, aprendiz e protegido de Nordhoff e de Otto Höhne. Segundo todos os que com ele conviveram, era duro e exigente. Mas acabou se adaptando ao "jeitinho brasileiro" sem perder a firmeza, aprovando vários projetos especiais, dando aos produtos Volkswagen um toque de esportividade proibidos na cultura da empresa – em grande parte, por seu convívio com Harald Gessner, que afirmou: "Leiding deu ainda mais oportunidades à Karmann-Ghia".

Os modos de Leiding tinham, em parte, razão de ser. Ele sabia da necessidade urgente de uma engenharia na fábrica. Márcio Piancastelli dá uma ideia da época: "Fui trabalhar na engenharia

de carrocerias, escondido entre os projetistas. O presidente Schultz-Wenk nem podia imaginar que entre os engenheiros havia alguém contratado para estudar modificações na forma do Volkswagen. Comecei então a estudar novas cores e materiais para revestimentos e detalhes de acabamento. Logo voltamos a mexer no Karmann-Ghia. Fiz uns projetos para a traseira em fastback e hatch, pois eu tinha tido bom contato com o senhor Gessner. Nesse período não podíamos fazer muito, mas, com a doença do senhor Schultz-Wenk, assumiu o senhor Rudolf Leiding, realmente exigente. Ele impôs uma nova conduta. Depois virou presidente. Consegui um bom modelador da Willys, o Sidney Favelli, para confeccionar maquetes". A fábrica começou a produzir mais: a linha 1600, o Zé do Caixão, a Variant. No final de 1969 Leiding foi apresentado ao Volkswagen 1600 TL. Ficou admirado com a rapidez e a qualidade do trabalho, e premiou a equipe com uma expressiva quantia em dinheiro. Harald Gessner adorou as mudanças, pois a ferramentaria saía da Karmann-Ghia.

Jota, Schëffer (encarregado de estilo da Volkswagen alemã), Oba e Piancastelli, junto do primeiro protótipo do Gol, em 1979

Leiding impôs a integração entre a equipe de design e a de engenharia. Hix e Piancastelli estavam envolvidos no projeto de um novo Karmann-Ghia e tiveram de se conformar com a realidade do mercado: depois das lanternas traseiras do 1968, conseguiram inserir o único defletor lateral que jamais equipou um Karmann-Ghia original de série – sempre solicitado pelo mercado – e modernizar os para-choques. Não obtiveram aprovação para nomear o produto como Karmann-Ghia GT, embora tivessem executado um protótipo.

Gessner e Leiding na linha de produção

Na Alemanha, em 1969, o Karmann-Ghia ganhou um novo espelho retrovisor interno e quebra-vento. Observe o reforço nos para-choques, diferente do nacional, assim como o logotipo e o grupo óptico traseiro

A lanterna traseira tinha o desenho do Tipo 3, menos harmônica que a adotada por Hix no modelo brasileiro do ano anterior. Um conjunto muito elegante, que incorporava a lâmpada de iluminação interna e o espelho retrovisor substituiu as luminárias laterais herdadas do Fusca, que mostrou ser outra peça longeva: manteve-se no Porsche até os anos 1980 e no Fusca até o final de sua produção, em 2003.

Na Alemanha, o motor era 1600. Outro motor, o dos limpadores do para-brisa, ganhou duas velocidades e parafusos sextavados externos para fixação dos limpadores, mudanças que jamais foram incorporadas aos modelos brasileiros. Ele recebeu ainda suspensão de bitola maior, que mudou tanto o comportamento do carro que alguns jornalistas, principalmente na Inglaterra, diziam que o Karmann-Ghia não tinha mais nenhum problema de dirigibilidade. O respeitado David Phipps entusiasmou-se, afirmando que a maneabilidade do Volkswagen ficara melhor que a de um Porsche, que andava enfrentando sérios problemas com o início da série 911.

Em Osnabrück, reluzentes Karmann-Ghias alegremente ocupam seu lugar na linha de produção

O Karmann-Ghia alemão de 1969: diferente do brasileiro na abertura da roda de trás, no sinalizador de direção e no grupo óptico traseiro

Os pisca-piscas da frente, redondos na tradição dos esportivos da década de 1950, foram substituídos por grandes lentes retangulares, que permitiam boa visão lateral. Pequenos olhos de gato na traseira, semelhantes aos pisca-piscas dianteiros, foram instalados para o mercado americano. O para-choque traseiro ganhou tubos de reforço menores, iguais aos dianteiros, para permitir que os olhos de gato pudessem ficar visíveis, perdendo a dobra envolvente ao longo dos para-lamas. O carro perdeu mais um pouco de delicadeza com tudo isso.

No Brasil, houve declínio da produção, e foram vendidas 3.459 unidades do Karmann-Ghia, que começava a sentir a concorrência.

Morre Schultz-Wenk

Pelos testemunhos de quem o conheceu, Friedrich Wilhelm Schultz-Wenk, presidente da Volkswagen do Brasil, sócio e amigo do gestor da Karmann-Ghia, inspirava imensa dedicação ao trabalho. Era um homem de grande valor. Enfrentara um sem-número de obstáculos: o oceano Atlântico na juventude, o inimigo bestial do nazismo, que havia se disfarçado de amigo, desmandos da política brasileira, confusões com um empregado ex-nazista, questões societárias, funcionários com desejo de corrupção, incompreensão diante de certas decisões... até que um obstáculo invencível o abateu: um tumor cerebral, confirmado na Alemanha.

Em 28 de dezembro de 1969, faleceu. Havia pelo menos um ano não comandava mais a empresa. Foi enterrado na fazenda Bobeta, na qual talvez seu hóspede mais feliz tenha sido o amigo e patrono Heinz Nordhoff. Os filhos, ainda muito jovens (Axel tinha 16 anos), teriam de dar um jeito em seu futuro. Peter, o mais velho, ficara no Rio de Janeiro, prosseguindo o trabalho na Rio Motor (que seria extinta em 1998); a seguir dedicou-se ao ramo dos seguros. A filha mais nova, Christine, guardou na memória a importância do pai.

Alguns de seus "comandados" (no sentido mais respeitoso da palavra), como Pflaumer, amigos como Carl Hahn e Barbara Nordhoff Cantacuzino e vários familiares têm preservado sua memória. No Rio de Janeiro, no bairro de Brás de Pina, há uma rua com seu nome.

O desaparecimento de Schultz-Wenk e de Nordhoff obrigou Harald Gessner e Wilhelm Karmann Jr. a adotar algumas medidas legais, que se expressaram na fundação de uma nova entidade, a Karmann Sulamericana Engenharia e Representações, que ocupava a mesma sede da Karmann-Ghia do Brasil. Harald Gessner seguiu chefiando as duas empresas, como gerente-geral; o mesmo brasileiro que havia contribuído com a fundação da empresa, Hans Schnitzlein (com 669 cotas) compôs o quadro nominal de sócios. Wilhelm Karmann Jr. tinha 7.716 cotas, e a Karmann de Osnabrück, 6.558.081 cotas. A gerência comercial e a gerência técnica se mantiveram, respectivamente, com Richard Josef Schmalz e Karl Heinz Hoffrichter. Gessner passou para a função de sócio-gerente, abandonando a posição de sócio oculto.

Leiding introduziu a exportação em grande escala, obtendo apoio incondicional de Gessner, pois a Volkswagen dependia da fabricação de peças e ferramentas da Karmann-Ghia, e de Kurt Lotz, presidente da Volkswagen mundial. Lotz herdara gigantescos problemas econômicos, e não podia dedicar tempo e recursos ao Brasil. Mesmo assim, visitou pessoalmente as operações da Volks e da Karmann-Ghia no Brasil.

Lotz envolveu-se com a Karmann alemã em um dos mais controversos desenhos da história da Porsche. Projetado para ser um modelo inovador, aproveitou o desenho de um escritório externo, a Gugelot (de Ülm, cidade famosa por

Evolução ano a ano

O Volkswagen Porsche 914

sua universidade). Submerso na moda, em vez de apelar para um desenho atemporal, utilizava mecânica mais antiga: motor Volkswagen de quatro cilindros, 1.679 cm³, 80 cv; ou uma unidade menos potente do Porsche 911 de 2 litros, seis cilindros e 110 cv. Não durou dez anos. A Karmann construiu cerca de 119 mil carrocerias, numa operação compensadora para Osnabrück, mas desapontadora para a Volkswagen e para a Porsche – em parte por causa da hipervalorizaçao da moeda alemã.

No alto, a partir da esquerda: reluzentes Volkswagens prontos para sair; um Karmann-Ghia ocupa alegremente seu lugar no trem; a linha especialíssima que cuidava de parte da produção da Porsche. Acima, a partir da esquerda: a concorrência acirrada no mercado que não prejudicava a Karmann-Ghia do Brasil, fornecedor absoluto de toda a indústria

Publicidade que irritou Leiding, apesar do apaziguamento

Hoje parece incrível e impensável o que as equipes de design e engenharia fizeram em tão pouco tempo. Para a Karmann-Ghia, tudo ia às mil maravilhas: a concorrência usava cada vez mais seus serviços de ferramental.

1970

O cenário urbano brasileiro modificava-se, e o cenário automobilístico não era mais dominado pelo formoso Karmann-Ghia. Graças ao desempenho superior e às linhas mais modernas, inspiradas no Lamborghini Miura, idealizadas por Rino Malzoni, que agradavam aos

Motor e perfil do Karmann-Ghia de 1970; o proprietário preferiu a cor prateada, para lembrar os grandes carros de corrida alemães

jovens de espírito e de idade, o Puma GT Volkswagen se firmou. Ele ombreava com o Karmann-Ghia no estilo, que mostraria também desafiar o tempo, e mantinha o bom artesanato italiano, que circulava no sangue do designer autodidata Malzoni.

O então presidente da Volkswagen do Brasil, Rudolf Leiding, autorizou o engenheiro Hix a equipar o Karmann-Ghia brasileiro com o motor 1600, o que lhe deu um desempenho razoável: 60 hp (SAE, 50 cv DIN), 1.584 cm^3, 140 km/h de velocidade máxima. Por fora, o carro era similar ao modelo de 1968-1969. Uma barra compensadora colocada no eixo traseiro melhorou substancialmente a estabilidade.

O interior do modelo de 1970

Os bancos eram agora ainda mais confortáveis e estofados com excelente material plástico perfurado ou couro opcional. As calotas, idênticas às do Porsche 356 B: achatadas, com um mamilo central, como as utilizadas no Kübelwagen. Parecia tratar-se da "desova" de algum resto de estoque. Nada de novo sob o sol. As maçanetas do mecanismo de elevação e abaixamento dos vidros e abertura das portas seguiam o desenho achatado e preto na linha 1600 (quatro portas, agora apelidado Zé do Caixão, Variant e TL), mas prosseguiram cromadas, com os antigos botões cinza e canelados dos anos 1950, criando mistura de motivos.

O restante do desenho, modificado apenas pela mudança do logotipo no motor de trás, de Volkswagen 1500 para Volkswagen 1600, felizmente conservou as características originais dos faróis e dos pisca-piscas. Foi uma sorte que não se tenha apelado para os desenhos cada vez mais exagerados de Osnabrück, os quais, para atender a legislação americana, fizeram o carro perder a delicadeza.

Mais importante para o comportamento dinâmico do carro era a nova suspensão com bitola mais larga atrás, barra compensadora na traseira e rodas com quatro furos de fixação, idêntica à do Zé do Caixão, do Fuscão, do TL e da Variant. Ela melhorou demais a estabilidade e a aparência do carro, que ficou mais "armado", "plantado" no chão, com a frente levemente levantada, dando-lhe um aspecto másculo, quase impositivo. Tinha suspensão dianteira

A nova suspensão com bitola mais larga atrás era importante para o comportamento aerodinâmico do carro

redesenhada, com articuladores esféricos, igual à do 1600 de quatro portas, e freios a disco nas rodas dianteiras, tornando-o o melhor Karmann-Ghia já fabricado, em especial no quesito desempenho, inclusive se comparado ao alemão: ficou rápido, seguro, com excelente acabamento.

As cores foram consideradas de bom gosto, e eram grená-escuro, preto, e a cor da moda, que invadiu até a cozinha das casas, nos azulejos e na fórmica dos móveis: laranja-avermelhado. Havia dúvidas sobre o azul-claro, logo chamado, graças à irreverência do público brasileiro, de azul-calcinha. O carro tinha, afinal, um comportamento esportivo. Expedito Marazzi continuava satisfeito: seu teste na *Quatro Rodas* apontava 137 km/hora no plano; o automó-

Teste da revista *Quatro Rodas* feito por Expedito Marazzi em 1970

vel levava menos de 19 segundos para atingir 100 km/h. Com vento de cauda, o Karmann-Ghia era capaz de "empurrar" um Opala 2500. O teste na agora arquirrival *Autoesporte* repetiu os valores. Por que o nosso Karmann-Ghia era mais rápido que o alemão se dispunha de um carburador quase asfixiante (Brosol-Solex 30) e era destituído de injeção de combustível? Resposta: não carregava os sistemas antipoluentes da época.

Queda nas vendas e uma solução

O Karmann-Ghia número 20.000 completava a história de sucesso da fábrica. Embora tenha encontrado apenas 3.107 compradores, o carro continuava sendo extremamente admirado nas ruas. O que estava acontecendo? Teria o público se cansado da mesma cara depois de 25 anos? Estaria a concorrência melhor? Ou seria uma mudança do poder aquisitivo dos compradores? Em 1970, havia não só o Ford Corcel GT ou o Chrysler Esplanada, mas também os poderosos Dodge e Maverick V-8, e o Puma vendia cada vez mais.

À esquerda: o Chrisler Esplanada. À direita: o Maverick V-8.
Eram os concorrentes do Karmann-Ghia

Quando um veículo vende pouco, a falta de modificações é proporcional à falta de interesse da empresa em manter o produto no mercado. A suspensão havia sido modificada por economia de escala, e não para melhorar o carro, embora os felizardos que puderam comprar o Karmann-Ghia tenham ficado muito contentes com as mudanças. Por que um produto que continua tão admirado e, mais que isso, ainda pode oferecer transporte útil, mesmo 35 anos depois do término de sua produção, foi o "canto do cisne" da marca, sendo fabricado em quantidades tão pequenas?

Para Gessner, a decisão de Leiding de planejar para 1971 apenas 700 unidades do melhor Karmann-Ghia já oferecido não constituiu surpresa, pois ele sabia que as diretorias em Wolfsburg e Osnabrück estavam mergulhadas em dificuldades. Nordhoff falecera sem conseguir fazer um substituto. O sucessor, Kurt Lotz, estava em maus lençóis. Herdara uma empresa gigantesca, presa ao passado, com sérios problemas trabalhistas, acionistas irados, entre os quais os governos federal e estadual. Teve de enfrentar o ódio contra a "doutrina Porsche" – motores traseiros arrefecidos por ar, suspensão por barras de torção –, insuflado pela Audi, que era liderada pelo doutor Ludwig Kraus. Ele autorizou a Porsche a seguir em

O EA266, da Porsche, projeto chefiado por Ferdinand Piëch

frente com um projeto chefiado pelo engenheiro Ferdinand Piëch (neto do professor Ferdinand Porsche), o EA266.

Lotz havia participado ativamente, com Leiding e Gessner, da decisão de que dois carros substituiriam o Karmann-Ghia clássico. Leiding queria responder a duas queixas do público em relação ao Karmann-Ghia. Um dos novos modelos oferecia mais espaço para os passageiros; era um "cupê de turismo". O outro oferecia desempenho e aparência ainda mais esportivos, capazes de fazer o público se esquecer do Karmann-Ghia. Ledo engano. Nenhum dos dois modelos estava de acordo com a realidade, sempre diferente da imaginação.

Em 1966, Richard Josef Schmalz, nascido em Schwandorff, na Baviera, então com 28 anos, havia feito uma "alavancagem" administrativa: introduziu métodos mais modernos de contabilidade e planejamento e insistiu na necessidade de um programa de estagiários, essencial para o futuro da empresa. Precisou de dois anos para implantar a ideia; se já tinha o apoio moral de Gessner, faltava-lhe o principal, o aporte financeiro. A vinda de Leiding impulsionou a iniciativa.

Com a participação da Volkswagen, o programa foi implantado em 1968. O ambiente em São Bernardo era excelente para quem quisesse trabalhar ou, alternativamente, dedicar-se a sindicatos. Segundo Gessner e Maisch, Schmalz insistiu para que os estagiários circulassem por toda a empresa durante dois anos, passando três meses em cada departamento. O estagiário que mais se distinguiu nesse treinamento foi Francisco Ernesto Kiem, nascido no seio de uma família austríaca radicada em Santa Catarina. De estagiário-modelo tornou-se um empregado-modelo, desses que no exterior são agraciados com prêmios. Entrou no programa em 1968, aos 18 anos, e continua colaborando com a empresa até hoje. A Karmann-Ghia do Brasil estimulava práticas comunitárias, indo ao encontro dos anseios naturais da força de trabalho. Havia a necessidade de recrutar também profissionais já formados. Segundo o senhor Ernesto, a Karmann-Ghia do Brasil produzia 25 modelos 143 por dia, além de ferramentas e peças estampadas para produção e reposição das primeiras fábricas, e contava com 1.300

Estudos de Piancastelli: à esquerda, um Karmann-Ghia fastback. Reparem a coluna C, aplicada ao TL, que logo seria lançado. À direita, outra versão, com hatch

funcionários, mas abriu muitas vagas. A meta, logo alcançada em função da presença de Leiding, era de 1.800 colaboradores assalariados. Muitos deles eram simplesmente essenciais.

Leiding gostava muito de conversar com a equipe de estilo, que já considerava "sua", e soube que Piancastelli e seu grupo chegaram a projetar carrocerias fastback sobre o Karmann-Ghia que jamais saíram do papel. Uma delas forneceu o motivo depois adotado no TL, e tinha os faróis derivados do Mercedes. Desde o início do Karmann-Ghia, em 1955, pensou-se em dotá-lo de carrocerias com capacidade para mais passageiros, opção que quase obrigava a uma traseira fastback.

Da esquerda para a direita: em 1974, Gessner (esquerda) e Karmann Jr. (direita); o filho de Karmann Jr. (centro) com Ingrid Gessner (direita); Gessner (esquerda) e Karmann Jr. (direita); Gessner e Leiding, com o Karmann-Ghia 1969

Em uma das visitas de Wilhelm Karmann Jr., que jamais descuidava da empresa da qual era sócio majoritário, Leiding promoveu uma reunião com a presença de Gessner. Wilhelm Karmann Jr. ouviu a ideia de dois substitutos do Karmann-Ghia e sugeriu uma alternativa que pareceu melhor, pelos custos envolvidos. "Tenho um protótipo pronto e também estão prontos os desenhos do ferramental para um Karmann-Ghia que incorpora as maiores novidades: leva quatro pessoas e tem uma área de bagagem excepcional, com acesso por um hatch. Poderia ser aproveitado no Brasil?" A dúvida imperou: alguns achavam que o carro venderia apenas pelo efeito novidade, mas que logo seria preterido pelos compradores, que prefeririam adquirir um Ford Corcel, por exemplo. Outros discordavam e achavam que era uma questão de tempo, que a qualidade Volkswagen decidiria tudo.

Os primeiros foram classificados de pessimistas, e sua voz foi abafada, mesmo quando lembraram que as várias modificações do Karmann-Ghia original não haviam sido aprovadas para produção em série pela Volkswagen alemã. Os estilistas da Karmann circulavam, um tanto erráticos, em torno do Tipo 34, de Sartorelli e Tjaarda, e também do Karmann-Ghia original, de Mario Boano. A Volkswagen achava que um remendo não podia aproveitar uma plataforma cuja aceitação na Europa estava muito abaixo do esperado, mas poderia significar bons lucros em um mercado menor, menos exigente e mais "vendedor", como o Brasil.

Nasce o Karmann-Ghia TC

Wilhelm Karmann apresentou então o Tipo 145, ou seja, a quinta variação sobre o Karmann-Ghia de Boano, que era o Tipo 14, e já tinha até mesmo um nome para ele: Karmann-Ghia TC – Touring Coupé –, um cupê de turismo. A partir da década de 1960, após a negativa de fazer uma carroceria hatch (porta traseira conjugada com vidro rebatível, aumentando a área de acesso para bagagem) para satisfazer um pedido de Ferry Porsche, que desejava adotar este equipamento para o 911, a Karmann começou a testar o princípio. Até então, parecia-lhe impossível vedar com eficiência uma porta que ficasse defronte ao caimento da chuva. A influência do pedido da Porsche se fez sentir no desenho final do Tipo 145, que lembra, de modo desajeitado, o Porsche 911, lançado em 1963.

Gessner (esquerda) e Hoffrichter (direita)

A carroceria do Karmann-Ghia, feita de pequenas partes, apresentava agora uma inesperada vantagem econômica. O "lado a lado" a que Leiding se referia não interessava apenas ao alcance no mercado, já que o TC utilizava várias partes do "velho" Karmann-Ghia, como as portas e as seções internas da carroceria: parede de fogo, estruturas da cabine, painel de instrumentos, etc. Harald Gessner encarregou Georg Maisch, que desde o conversível se tornara responsável por projetos especiais, de tomar conta do novo rebento. Desde o início, esperavam que o efeito imediato no público fosse a lembrança do Porsche 911. Talvez essa tenha sido a única expectativa satisfeita com esse carro: algumas revistas diziam que o TC era o "911 brasileiro".

Em meados de 1969, aportou em Santos um navio que trazia um contêiner (novidade na época) de conteúdo secreto. Um armazém mais afastado, até então em desuso, serviu para despistar curiosos. Ele foi aberto às 4 horas da manhã, como parte das solicitações de muita discrição na inspeção da alfândega, sob a supervisão pessoal de diretores da Karmann-Ghia do Brasil. Maisch recorda-se da presença de Gessner, Karl Heinz Ernst Hoffrichter, Richard Josef Schmalz e Heinrich Portoles, além de pelo menos dois técnicos da Alemanha, para receber o protótipo do TC. "O carro vinha todo embrulhado e estava escuro. Colocamos em um caminhão fechado e fomos direto para a fábrica, sem avisar ninguém. Só o pessoal do transporte ficou sabendo e levou o carro azul com estofamento branco para o segundo andar."

A operação pretendia despistar a imprensa. Como quase tudo que cercou o TC, a pretensão não se cumpriu. O carro foi flagrado logo após a inspeção por um contato do repórter de *Quatro Rodas* que estava se especializando em jornalismo investigativo, o sempre competente Nehemias Vassão, que conseguiu fotografar o protótipo azul metálico junto a um modelo feito de argila e madeira na cor creme, quatro meses depois da chegada. Ele virou capa da edição 114 da

Azul metálico e bancos brancos. Leiding e Gessner (à direita)

revista, lançada em janeiro de 1970. Nela pode-se ver o desenho dos para-lamas traseiros, mais parecido com o do Karmann-Ghia original de Boano.

O protótipo do TC em aço não funcionava, e, assim que entrou na fábrica, o motorista do caminhão, velho empregado da empresa, desejou ouvir o rádio, apenas para descobrir que era um mock-up pintado. Ademir Duô, recém-admi-

O protótipo do Karmann-Ghia TC evidencia o friso duplo nas laterais, o emblema da Karmann na lateral direita, o espelho retrovisor trapezoidal e rodas com supercalotas, além de grades dianteiras com luzes sinalizadoras de direção. Não havia frestas na coluna C

tido na nevrálgica área de modelagem, participou ativamente do projeto. Coube a ele, com seus colegas, tentar resolver alguns problemas que vieram como "equipamento de fábrica" do protótipo: o mais sério, uma roda estepe com pneu desinflado e fininho, impossível de obter no Brasil, que requeria uma bomba de ar. Por limitações financeiras, era impossível alterar a caixa interna. Uma solução seria levantar a frente do carro e modificar o capô, que perderia o abaulamento original e ficaria mais esquadriado. Segundo Maisch, essas alterações no desenho não envolveram a equipe de estilo da Volkswagen, bastante ocupada com o "carro espaçoso" (Brasília) e o carro esportivo, o Projeto X.

A edição 114 da revista *Quatro Rodas* trouxe a reportagem do Karmann-Ghia TC.
À direita, uma ilustração do autor

Schwebe, técnico alemão responsável por todo o projeto, trouxe um desenhista argentino de origem lituana e que sabia falar alemão: Alberto Stasiukybas. Ele tinha vindo ao Brasil a convite da Ciferal, fabricante de carrocerias de ônibus de duralumínio (fornecedora da Viação Cometa, entre outras), que usava a ferramentaria preparada pela Karmann-Ghia. "Não se deu bem com o ambiente da Ciferal e passou a trabalhar para nós. Foi fazer um estágio em Osnabrück e

O Karmann-Ghia TC de 1970, produzido em série

voltou para acessorar Schwebe, verdadeiro chefe do projeto, que sabia falar "portunhol", relembra Maisch. Stasiukybas achou melhor modificar a linha dos para-lamas traseiros, que perdeu a "perna de cachorro". "Ficamos meio temerosos: os chefes mandaram dar umas marteladas naquele carro novo, bonito, pintado de um azul metálico que nunca tínhamos visto, até que o vinco desaparecesse!", recorda-se Ademir Duô, achando engraçado, mas ainda guardando alguma surpresa – era recém admitido na nevrálgica área de modelação.

No alto: o primeiro Karmann-Ghia TC produzido. Acima: o carro com dois frisos de alumínio, mais delicados, o que conferia mais modernidade ao veículo

Evolução ano a ano

Os para-choques tinham um desenho mais delicado e eram mais bem acabados que os de lâmina única anteriores

A elegante grade longitudinal traseira e o conjunto óptico do protótipo do TC foram substituídos por quatro pequenos retângulos cromados, ladeando a parte inferior do hatch traseiro

O duplo friso que ia da abertura da roda dianteira até a traseira ficou único; o símbolo "Karmann-Ghia" lateral foi mantido, assim como o letreiro do capô de trás; o emblema heráldico de São Bernardo do Campo foi substituído pelo da Volkswagen dentro de um círculo, confeccionado em alumínio, antes usado no capô do Fusca (de onde foi suprimido). O nariz do Karmann-Ghia foi suavizado, mas continuou pontudo, especialmente com a aplicação do símbolo da Volkswagen. Foram-se as reentrâncias entre os faróis e o nariz, que davam o *flair* do Karmann-Ghia.

A infrutífera mas exaustiva busca de um substituto do Karmann-Ghia já havia incluído um projeto de Giorgetto Giugiaro, que chegou à fase de protótipo. Talvez por isso algumas pessoas dentro da Volkswagen do Brasil, mas não na Karmann-Ghia, achassem que o desenho do TC tinha sido feito pelo grande estilista. A equipe de design de Márcio Piancastelli recebeu vários desenhos que poderiam ser de Giugiaro. Caso seja verdade, eram linhas muito diferentes das que caracterizavam os projetos da Italdesign, que sempre contemplavam lavores e ângulos vivos, como os dois protótipos para substituto do Karmann-Ghia que hoje estão no museu da Karmann. Por outro lado, o desajeitamento estético bastante germânico do desenho do TC indica sua real origem, afiançada por Gessner e Maisch. Tentando reunir as informações de Gessner, Maisch e Piancastelli, podemos supor que os desenhos confiados a Piancastelli podem ter sido trazidos da Alemanha pelo estilista Alberto – a linha dos faróis lembra bastante a escola americana, com nacelas quadradas, que podem ser encontradas nas linhas da General Motors, da

Ford, da Chrysler e da American Motors daqueles anos. Se Leiding queria que o consumidor se esquecesse do Karmann-Ghia original, teve algum sucesso: as curvas compostas ficaram desarmônicas, longe da genialidade de Mario Boano.

Georg Maisch acompanhou o desenvolvimento do projeto até seu lançamento, pouco mais de um ano após a chegada do protótipo. Ele guardou projetos e fotografias de toda a evolução do carro, além daquelas do lançamento do Karmann-Ghia, em 1955. Mecanicamente, o TC aproveitava a plataforma da Variant: motor plano, de 1,6 litro, freios dianteiros a disco e muito espaço no bagageiro, de utilização facilitada pelo hatch. As reportagens publicadas na época do lançamento do TC diziam que ele era um desenho brasileiro, do departamento "de estilo da Volkswagen", então embrionário. O desenho, diziam as revistas de automóveis da época baseadas em (des)informações oficiais, teria sido então remetido à Alemanha, e sobre ele a Karmann de Osnabrück trabalhara apenas nos detalhes. Isso era verdade no que tangia à fabricação de algumas ferramentas; no estilo, acontecera o inverso. A semelhança do desenho com alguns antigos projetos da Ghia, e principalmente com outros da própria Karmann, sempre nos fez suspeitar da veracidade dessas informações. É necessário levar em conta a época autoritária: o repórter investigativo mais bem-sucedido da época, Nehemias Vassão, assim como seus congêneres da *Autoesporte*, que já estava alcançando o mesmo nível da *Quatro Rodas*, tiveram, juntamente com fotógrafos como Cláudio Larangeira (cujas fotos valorizam este livro), de enfrentar até mesmo tiros nas tentativas de fotografar os lançamentos, em geral durante os testes realizados nas íngremes ladeiras da antiga estrada para o litoral sul de São Paulo, na serra do Mar.

A Karmann havia comprado o projeto do Karmann-Ghia original e podia fazer dele o que bem entendesse. O departamento de estilo da Volkswagen do Brasil, embora existisse, ficava em uma indústria ainda pequena e sobrevivia de projetos estrangeiros cada vez mais tropicalizados. Não tinha condições de realizar muito mais que pequenos detalhes, como as portas traseiras do Volkswagen 1600 (do engenheiro Cláudio Menta), os grupos ópticos dianteiros e traseiros, os vidros e os pequenos painéis externos da Variant, do TL e do Karmann-Ghia original (do engenheiro Hix e dos estilistas da equipe de Piancastelli, Variant e TL). As exceções começaram com o SP, a Brasília e, posteriormente, a Variant II e o Gol.

Um incêndio ocorrido na Volkswagen em 18 de dezembro de 1970 atrapalhou os planos de fabricação na Karmann, que utilizava chapas de aço compradas pela fábrica alemã. A Karmann tinha sua própria seção de pintura, que acabou ficando sobrecarregada quando Gessner tentou ajudar Leiding.

1971

Depois do desenho do esportivo, logo seguido de maquetes, Leiding começou a aparecer todos os dias no estúdio dos estilistas, um canto improvisado na fábrica. Dava palpites em tudo, como no espelho retrovisor externo em formato de "orelha", adotado em 1969 em toda a linha. Só depois seguia para casa. "Ia verificar de mesa em mesa o que havia sido produzido naquele dia. Certa vez convidou-nos a ensinar-lhe a desenhar automóveis, mas isso não se concretizou, pois ele queria que as aulas fossem todas as manhãs. O sindicato já era muito forte e não permitiu." Conclui-se que Leiding não via questões morais na sua solicitação de um curso grátis.

O Karmann-Ghia TC no Salão do Automóvel

O Karmann-Ghia TC entrou no mercado brasileiro no final de 1970, anunciado como modelo 1971, e foi apresentado no Salão do Automóvel com a presença de autoridades amedrontadoras da época: o general Emí-

lio Garrastazu Médici e assessores. A tranquilidade vinha do interventor em São Paulo, Roberto de Abreu Sodré. No geral, o carro perdeu a delicadeza e a graça. A leveza do teto sumiu, pois o metal na porta do hatch era de proporções maiores. Parte da leveza do Karmann-Ghia vinha dos vidros das portas, destituídos de molduras; no TC havia trilhos de alumínio. O painel seguia a moda do preto monocromático. O para-brisa era menos inclinado, permitindo teto mais elevado.

No Salão do Automóvel, o Karmann-Ghia TC foi apresentado por Gessner (segundo à esquerda) para diversas autoridades, como o general Médici (primeiro à esquerda) e Roberto de Abreu Sodré (segundo à direita)

O Karmann-Ghia TC deixava entrar menos água no compartimento de passageiros e podia transportar quatro pessoas com um pouco mais de conforto. A plataforma da Variant criou área útil para um volume de bagagem consideravelmente maior, e o acesso, por causa do hatch e do motor plano, era muito melhor do que no antigo Karmann-Ghia, no qual era limitado às portas. Um proprietário que tivesse família com até duas crianças pequenas podia ter o TC como veículo único. Quatro fendas colocadas atrás das grandes e desproporcionais janelas basculantes traseiras, na coluna C, ajudavam na ventilação. Excessivamente compridas, quase uma ofensa ao bom gosto de Boano, resultaram no aspecto menos balanceado do carro, consequência do aproveitamento integral dos batentes e das portas do Karmann-Ghia tradicional.

O emblema da Karmann-Ghia do Brasil passou para o lado esquerdo (no modelo antigo estava à direita) e ficou mais horizontal. O logotipo da Volkswagen substituiu o escudo de armas de São Bernardo do Campo, na dianteira. O hatch, acionado por meio da mesma maçaneta usada no capô traseiro do sedã, uma peça cromada que formava um gancho para o dedo e orifício para inserir a chave da tranca, marcava a preocupação de usar a maior quantidade possível de peças do estoque normal da fábrica. A estratégia reduziu o preço e racionalizou a produção, mas acabou dando um aspecto improvisado ao carro, em uma tampa muito cara e complicada. A presença das grades de ventilação obrigava o usuário a erguer consideravelmente a bagagem, fazendo um movimento longitudinal nada natural – a não ser para os mais atléticos. Como o carro seduziu principalmente proprietários mais idosos, o compartimento foi pouco utilizado.

O aspecto geral era um tanto "estufado" para um esportivo. À distância, lembrava um Porsche 911, como desejava Gessner. Quando aberto, o primeiro hatch brasileiro (o segundo só veio em meados da década, na figura do Chevrolet Chevette, com a devida colaboração da Karmann-Ghia do Brasil) era sustentado por molas a gás, igualmente as primeiras da indústria. O acabamento interno suprimira alguns dos frisos cromados nas portas, dando-lhe aparência mais discreta. O isolamento de ruídos era superior ao

No alto: a publicidade ressaltava o que o carro tinha de melhor, por vezes até exagerando.
Acima: nas propagandas da linha Volkswagen, ênfase nas preferências da elite econômica e cultural

de qualquer Volkswagen com refrigeração a ar, apesar da motorização intracabine. O carro era mais pesado, mais potente, e seu comportamento sugeria outra mecânica; foi o Volkswagen arrefecido a ar brasileiro mais confortável jamais construído, mesmo se comparado à Variant II, que tinha suspensão dianteira McPherson. Seus bancos contavam com suporte lateral; o banco traseiro era rebatível, com partição mediana, outro pioneirismo da indústria nacional. No todo, como máquina de transporte, era – e é – mais eficaz que o Karmann-Ghia original.

Como era ter um TC?

A suspensão do TL/Variant, de bitola mais larga, acoplada ao maior peso do carro, mudou o comportamento na estrada. Ele perdeu o sobre-esterço nas curvas e em baixa velocidade, apresentando até um pouco de sub-esterço (saía de frente). Mas a opinião dos road testers não mudou muito. O carro alcançava 100 km/h em 22 segundos e tinha velocidade máxima de 145 km/h, pouco pior e melhor do que o Karmann-Ghia normal, respectivamente, em função da dupla carburação e principalmente da relação de diferencial mais longa (4,125:1), que tornava a quarta marcha quase um overdrive. Em declives, com vento a favor, podia passar dos 150 km/h, deixando motoristas do Opala 2500 e do Aero Willys 3000 boquiabertos. No dia a dia, sobressaíam os defeitos irritantes da linha 1600: tendência a bater pinos, câmbio impreciso, motor facilmente desregulável. O defeito congênito do Karmann-Ghia, a formação de ferrugem, atacou com menos piedade o TC. Georg Maisch revelou a razão, mantida secreta por vinte anos: "O TC nasceu em uma época em que usávamos a chapa de aço nacional. Havia um acordo para comprarmos da Usiminas. Mas ela não tinha qualidade internacional, e compramos prematuramente um estoque que sequer tinha sido testado. A chapa não aguentava nem a solda, já saía tudo com buraco de ferrugem. Tivemos que substituir mil carrocerias, grátis, pois os donos descobriam os vazamentos na primeira chuva. O velho Karmann-Ghia sofreu muito menos do que o TC, que tinha mais caixas fechadas ao longo das longarinas e no compartimento do motor. Tivemos que fazer mais furos nas portas para escorrer poeira e água".

Características técnicas do TC

O motor tinha quatro cilindros contrapostos; refrigeração a ar por turbina, colocada à frente do motor, em linha com ele; lubrificação por bomba centrífuga; 1584 cilindradas; potência de 65 hp a 4600 rpm (SAE); torque de 12 mkg a 3000 rpm (SAE). O carro tinha dois carburadores SOLEX 32 PDSIT; válvula eletromagnética e afogador automático; distribuidor centrífugo; sistema elétrico de 12 V, bateria de 36 ampère-hora; e motor de arranque tipo Bendiz, que gerava 0,8 hp. A embreagem era monodisco seco, e a transmissão era feita por engrenagens cônicas com dentes helicoidais. Relação das marchas (todas sincronizadas por anéis patente Porsche): 1ª 1:3,8; 2ª 1:2,06; 3ª 1:1,32; 4ª 1:0,89; ré 1:3,88; diferencial 1:4,125.

O chassi Volkswagen clássico tinha suspensão dianteira com duas barras de torção transversais, uma acima da outra, em forma de feixes, equilibradas por barra estabilizadora transversal. A suspensão traseira tinha duas barras de torção sólidas, em cilindro, separadas lado a lado, com barra compensadora. A roda tinha 4,5 polegadas de largura e aros de 15 polegadas, com pneus 165 x 380 – 4PR. O entre-eixos media 2,4 m. O volante de direção dava 2,7 voltas de batente a batente.

Os freios dianteiros eram hidráulicos e a disco. O freio de estacionamento era mecânico e acionado apenas sobre as rodas traseiras.

O TC tinha 4,205 m de comprimento; 1,62 m de largura; 1,314 m de altura; 15,2 cm de altura livre do solo; 920 kg com estepe e acessórios e carga útil de 375 kg.

Em janeiro de 1971, ele custava Cr$ 21.128,00.

1972

Entre 1970 e 1972, na Alemanha, a atividade da Karmann também era grande, mas com outras marcas. O Karmann-Ghia fenecia, embora dignamente; deixara de ser o interesse maior da fábrica. Ainda procurado e reverenciado como ancião, foi mantido em condições legais de rodagem, principalmente para o mercado americano: injeção de combustível no motor 1600: 57 hp (ou 46 cv), 4.000 rpm, torque de 10,6 kgfm a 2.200 rpm, apenas como antipoluente, e não para conferir mais desempenho. Podia vir com um câmbio semiautomático que roubava um bocado de potência, mas era uma delícia de operar: três marchas para a frente, sem pedal de embreagem; alavanca de mudanças normal, padrão de engate idêntico ao dos Volkswagens de sempre, que acabaria sendo adotada no Brasil no século XXI! O desempenho sofreu e o consumo também. A bateria migrou para o lado direito, e o berço do motor foi bastante modificado. Garantido por dois anos, tinha opção para caixa semiautomática e usava o Volkswagen Diagnose, jamais implantado no Brasil: um sistema computadorizado de detecção de defeitos por intermédio de um plugue eletrônico na parede de fogo, ao lado da mola esquerda, que mantinha o capô levantado (a Volkswagen chegou a implantar um Volkswagen Diagnose no Brasil no início dos anos 1970, mas bem simplificado, sem análise eletrônica). Esses carros chegavam a 145 km/h e custavam 3.745 dólares, o suficiente para comprar um Chevrolet Camaro.

O Karmann-Ghia de 1972

À esquerda: comparação do painel de instrumentos dos Karmann-Ghias alemães sem e com ar-condicionado.
À direita: o relógio e o velocímetro, iguais nos dois modelos

Em 1972, nos modelos lançados em setembro de 1971, as lanternas traseiras aumentaram ainda mais, abrigando enormes luzes de ré, e estragaram bastante a delicadeza do desenho do carro. Os para-choques estavam mais reforçados, dobrados na lateral, parecidos com aqueles adotados no sedã de 1968 e

"Radiografia" do Karmann-Ghia alemão de 1972-1974

No pátio cheio de Osnabrück, a produção poderia sugerir um grande futuro, mas era uma sombra do passado. O Volkswagen-Porsche "bombava" no mercado

no Fuscão de 1970, chamados lá fora de "Europa", equipados com amortecedores que aguentavam pequenos choques, até uns 20 km/h.

O final da produção

A produção era uma sombra do passado. O Karmann-Ghia alemão, como o brasileiro, ia deixar de ser fabricado. Como todo carro em final de produção, foi o melhor de todos: mais eficiente, seguro, confortável, e, como sempre, bem construído. Tinha freios a disco, pneus mais largos. Jamais recebeu a suspensão McPherson que equipava o sedã 1302, de 1972, pois isso exigiria a modificação das proporções internas do Karmann-Ghia, como se fez, por exemplo, com o Jaguar E quando da adoção do motor de doze cilindros, na mesma época. Remendos desse tipo dificilmente teriam dado bons resultados, e, para o comprador de carros clássicos, foi uma benção, pela fragilidade desse conjunto. Para o mercado americano, que exigia maior controle de emissão de hidrocarbonetos poluentes, implicando menos 2 hp, a Society of Automotive Engineers resolveu adotar as medições de potência semelhantes às normas DIN: em condição de marcha, que agora era a norma SAE J1049, o que significava potência líquida (semelhante à atual norma brasileira NBR 5484). O Karmann-Ghia não tinha mais 57 hp e sim 46, sem nenhuma modificação no motor. Uma medida mais realista.

A partir de 1971, o carro vinha equipado com retrovisor tipo "orelha"

A partir de 1971, no Brasil, Leiding, fanático pelo retrovisor tipo "orelha", preocupado com segurança e sem respeito histórico ou estético, mandou colocá-lo junto ao quebra-vento de Hix. Assim o carro perdeu o elegante espelho retrovisor tipo inglês, da década de 1950, semelhante ao do Porsche 356 A (1956-1960), que consistia em um suporte afunilado no ápice, escultural, inclinado, fixado no terço final da linha dos para-lamas da frente. Uma alteração que interessa aos restauradores em busca de originalidade é o adorno plástico no centro do volante de direção: mais simplificado, sem o aro cromado em torno do brasão de São Bernardo do Campo. Os bancos ficaram idênticos aos do TC: mais almofadados, com apoios laterais. E a alavanca de câmbio ficou um pouco elevada. Não houve mudanças no painel, que continuava com o plástico Vulcan, e nem nas maçanetas.

O espelho retrovisor interno perdeu o acabamento em alumínio anodizado e ganhou um de plástico preto. Jamais os Karmann-Ghias vieram de fábrica com espelhos retrovisores tipo noite/dia, que precisavam ser comprados como equipamento extra. Apenas um fabricante oferecia um produto mal-acabado, que nem sequer funcionava bem. Um equipamento muito usado era uma aba basculante, de plástico transparente, que se agarrava ao espelho por meio de uma espécie de gigantesco "clipe", cuja extremidade superior tinha a dobradiça de plástico antiofuscante. Os nossos Karmann-Ghias jamais se beneficiaram dos vidros da vigia com filamentos elétricos para desembaçá-los. Um equipamento opcional do pequeno fabricante Mold-Vision empregava um plástico aderente ao vidro – o que não funcionava. Os quebra-ventos provaram ser de reduzida utilidade, pouco desviavam o vento e ventilavam menos ainda. As cores do 1972 foram muito requintadas: o borgonha e o azul-marinho, de efeito muito discreto, realçavam os cromados e o alumínio de modo ímpar.

O último Karmann-Ghia no Brasil

Foi o canto do cisne: a série mais aperfeiçoada, ao lado do 1962-1963, é uma das mais desejadas nos dias de hoje e a melhor para rodar. O comportamento em estrada é tão bom que o veículo pode acompanhar o trânsito urbano e rodoviário. A suspensão traseira de bitola larga dispensa o uso de rodas especiais. Os freios a disco são eficientes em alta velocidade. O distribuidor de avanço misto (a vácuo e centrífugo) funciona muito melhor, e o carro é uma delícia de dirigir. Foram produzidas 61 unidades, e a fabricação foi suspensa em abril de 1972.

O último carro foi vendido em julho, mas até o final daquele ano ainda se podia encontrá-lo, havendo sobras do ano anterior: a venda anual foi de 119 unidades. A Karmann-Ghia também dispunha de uma sobra de doze carrocerias sem pintura, apenas com primer. Manteve três, que depois pendurou no alto de uma das paredes da fábrica, junto às mesas de modelagem, acompanhando uma carroceria do conversível, e, anos depois, mais uma do TC, com teto solar, e do SP, devidamente penduradas após 1976.

E as nove carrocerias que sobraram? Foram vendidas a uma obscura concessionária do bairro do Cambuci. Levou-se dois anos para que seus felizes donos fossem encontrados, pessoas inconsoláveis com a ferrugem dos carros, admiradores do Karmann-Ghia que se tornaram felizes proprietários de veículos cobiçadíssimos, geralmente pintados em cores metálicas indisponíveis de série.

Um substituto para o Karmann-Ghia brasileiro

Como o fim do Karmann-Ghia se anunciava, a equipe de engenharia e de design da Volkswagen trabalhava sem descanso em um tal Projeto X, o carro que o substituiria e que se soube mais tarde ser o famoso SP. Gessner, todo feliz, assumiu o trabalho de ferramentaria, moldagem e estampagem final das carrocerias. Engenheiros da Karmann e da Volkswagen colaboraram na estrutura final. Poderíamos dizer que o SP seguia a escola Komenda de construção de carrocerias, com superdimensionamento de peças e qualidade insuperáveis, com os devidos detalhamentos da Karmann, que concluiu o projeto com fixação dos para-brisas e construção das portas.

Primeiro desenho e maquetes do misterioso Projeto X

Maquetes do Projeto X, que substituiria o Karmann-Ghia

Na mesma época da decisão de usar o nome Brasília, a Volkswagen decidiu dar o nome de cidades brasileiras para seus carros. Não se sabe bem quem criou o nome SP. As várias fontes de engenharia e de design que entrevistei para este livro deram várias versões, não discordantes, mas talvez complementares, e que sugerem a ideia de uma equipe. Todos os migrantes ou mesmo os alemães que estavam de passagem pelo Brasil gostavam muito do nosso país. O nome SP pareceu-lhes uma boa oportunidade de demonstrar seus sentimentos. A sugestão veio das pessoas que trabalharam na Vemag, que teve a série Belcar Rio em 1965. Essa ideia se seguiu depois com a Parati. Alguém viu que o escudo de armas da cidade de São Bernardo do Campo já adornava os carros. Que tal homenagear o estado em que São Bernardo se localizava com o novo carro esporte? Alguém achou o nome pouco comercial. Outros objetaram: a letra S indicava "*sport*" nas línguas estrangeiras mais usadas no automobilismo. Prevaleceu o SP.

O clima estava angustiante, e começaram as brincadeiras: alguém da equipe ficou repetindo a sigla recém-arranjada de um modo que sugerisse a designação chula da "profissão mais antiga do mundo", que durante meses circulou apenas entre os engenheiros e designers, mas não fazia sentido entre os empregados mais graduados de origem alemã – como Leiding –, que não sabiam falar português. A chacota morreu quando se resolveu fazer uma sigla alfanumérica: SP1 e SP2, com acabamentos diferentes e motores de 1,6 e 1,7 litro. O último era opção exclusiva para este carro, com dupla filtragem de óleo no 1,7 e carcaça do motor diverso da linha 1,6 (o restaurador pode ver a originalidade se constatar

O Volkswagen SP

O SP2 de 1976

dois bujões de escoamento inferiores). O maior problema era a colocação do sistema de escapamento: a equipe não conseguia se resolver. Criou-se uma saia ventilada, também aplicada à Brasília, sob a inspiração do Porsche Carrera II.

O Porsche Carrera II (à esquerda) e a Brasília (à direita) tinham uma saia ventilada que também foi aplicada no SP

Uma comemoração entre amigos: Frank Pflaumer (segundo à esquerda), Werner Paul Schmidt (quarto à esquerda), Miguel Barone (quinto à esquerda) e Pfeiffer

Leiding abandonou seu posto para assumir a promoção ligada ao seu sucesso no Brasil: a vice-presidência da Volkswagen. Mas, assim que chegou, assumiu a presidência da Audi AG, cargo que ocupara anteriormente e que era menor em termos de carreira. Seu substituto foi Werner Paul Schmidt, de temperamento muito mais maleável, capaz de fazer grandes amigos, que dele se lembram com afeição. Seu relacionamento com o Brasil foi de uma amabilidade imediata, e ele se tornou defensor da natureza e do povo indígena.

E o motor esportivo do SP? Leiding saiu, mas teve tempo de iniciar um processo. Aproveitou o fato de que todos os desenvolvimentos mecânicos da Volkswagen eram feitos por uma empresa externa de consultoria e desenvolvimento, por força de um contrato já de 24 anos, que era, nada mais, nada menos, que a Porsche.

Segundo Günther Hix e Cláudio Menta, pelo menos um dos primeiros carros saídos da Karmann-Ghia, ainda um protótipo para ajuste de linha de produção, já com as aletas na coluna C, foi levado a Stuttgart-Zuffenhausen, e de lá para Weissach, centro de testes da Porsche, bastante ocupada com testes do Porsche 917 versão Can-Am. A única coisa que funcionou a contento foi o consumo: cerca de 25 km por litro. Arrancou admiração dos técnicos da maior fábrica

O engenheiro-chefe Cláudio Menta

alemã de carros esportivos, normalmente sisudos. O consumo médio ficava em torno de 16 km por dia. O SP2 poderia ter ganho um prêmio: o carro com motor Volkswagen 1,7 arrefecido a ar mais econômico do mundo, resultado da aerodinâmica e do pouco peso.

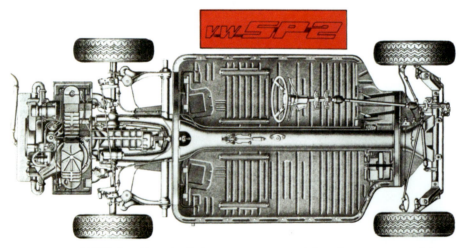

O SP2 teria problemas insolúveis, a menos que os engenheiros voltassem para a prancheta

As coisas começaram a andar mal quando o carro foi submetido às outras provas. Concluiu-se que o SP2 era um carro perigoso, por absoluta falta de desenvolvimento do chassi. A concentração do peso sobre o eixo de trás ficou tão grande – quase 60 por cento - que nenhum Volkswagen, nem mesmo os asmáticos da década de 1940, conseguiam tanto sobre-esterço, e de modo tão repentino, quanto o SP. Pouco ajudaram as bitolas maiores na suspensão e as rodas mais largas. Havia muito peso atrás e pouco espaço para regulagens, que já eram escassas. Foi nesse momento que Rudolf Leiding voltou à Alemanha – levando seu SP para uso particular. Antes de sair, ordenou que cessassem os trabalhos na Porsche em torno do elegante SP2. "Leiding foi embora e *não* cuidou do motor", disseram os engenheiros. Como em outras ocasiões, deixava o problema para a equipe de engenharia.

Privados de uma hora para outra de qualquer acessoria da Porsche, restou aos engenheiros adotar os dois carburadores 32 e manter o motor de 1,7 litro, que já tinha boa lubrificação e era idêntico ao do sedã Volkswagen 411. Descobriram que o motor-mala interior à cabine ficava tão aquecido – funcionava a 100°C na cidade e a mais de 120°C na estrada – que apresentava desempenho semelhante ao dos melhores motores de 1,6 litro bem regulados. Alguém sugeriu que se adotassem os kits de radiadores de óleo extra e também os que elevavam o deslocamento, disponíveis no mercado nacional, para 1,8 e 2,0 litros, além de eixos de comando de válvulas maiores, já utilizados no Puma e em Volkswagens de corrida. W. P. Smith e Harald Gessner foram terminantemente contra a ideia, alegando comprometimento na durabilidade de um motor que já sofria com dificuldades sérias de arrefecimento.

Os engenheiros acharam melhor deixar instrumentos qualitativos em escala de cores, devidamente calibrados para baixo, para não assustar os proprietários do SP, pois o motor esquentava muito

Os testes de estrada nacionais, realizados pela equipe de Antonio Ferreira, mostraram outras realidades preocupantes. Um motorista mais experiente, com um Karmann-Ghia 1600 clássico, dotado de apenas um carburador, dava um bom trabalho ao piloto de um SP. Todos realçavam que o carro era confortável – caso ficasse parado na sombra. Dinamicamente, o resultado final foi um carro bastante desconfortável. A suspensão era descalibrada em relação ao chassi, diverso do Karmann-Ghia TC, que tinha projeto mais balanceado, com rodar suave. As correntes de convecção e aeração interna garantiam a presença de um calor e de um ruído que impossibilitavam qualquer conversa e até mesmo a audição do excelente rádio Blaupunkt que podia vir com o carro.

Algumas pessoas não toleravam mais que duas horas de viagem, o que equivalia a 200 km em boas pistas. Vidro e metal formavam uma excelente estufa, que, no caso, ficava a poucos centímetros de um motor a explosão – afinal, era o motor da Variant dentro da cabine –, sob enorme vigia traseira de vidro sem provisão de deflexão (que poderia ser obtida por persianas). A comparação com o suave e confortável TC, desenvolvido em Osnabrück, deixou o SP numa situação ruim. Os enormes e confortáveis bancos, apesar de colocados no meio do entre-eixos, não ajudavam muito. Todos os problemas poderiam ter sido minimizados se houvesse mais verba e menos pressa.

1973

Em 1973, mais uma vez a Ghia encontrava-se em situação pré-falimentar. Alejandro de Tomaso vendeu a empresa a um grupo inglês, Rowan, que não conseguiu mantê-la. A Ford adquiriu seu controle, e desde então a Ghia se tornou a central de design do grande fabricante americano. Filippo Sapino encontrou colocação na Pininfarina. A história das tentativas de um sucessor para o Karmann-Ghia ainda não terminara. Giorgetto Giugiaro acabaria iniciando sua própria empresa, a Italdesign, na verdade a grande sucessora da Farina e da Ghia nos anos 1970 e 1980, que logo fez excelentes contratos, inclusive com a Volkswagen.

A Italdesign de Giugiaro propôs à Volkswagen um novo desenho para o sucessor do Karmann-Ghia, sob patrocínio da Karmann, o Cheetah (guepardo). Seu formato em cunha era atraente. Seria recusado para produção, pois usava a mecânica Volkswagen tradicional, com a ventoinha alta, durante o período de grande queda de vendas do velho "besouro". A Volkswagen passava por modificações radicais na era Leiding e desistira de fazer investimentos na linha a ar. Giugiaro acabou aplicando a mesma ideia para um dos esportivos mais bem-sucedidos da história, o Fiat X 1/9. Fez escola com o Lancia Stratos e o Triumph TR8. Filippo Sapino acabou retornando à Ghia, sendo nomeado diretor-geral em 1973. Tom Tjaarda fez alguns projetos como *freelancer*.

Da esquerda para a direita: o Cheetah, o Fiat X 1/9 e o Triumph

No Brasil, foi feita uma única modificação no Karmann-Ghia TC, na relação da quarta marcha: em vez da 0,88:1, adotou-se a 0,93:1, já usada nos sedãs e cabriolés. Sua única consequência foi diminuir um pouco a velocidade máxima.

As perspectivas do SP

Em 1973, o SP parecia ter alguma chance no mercado. Antes do advento da *teoria zero* da Toyota, trabalhava-se com estoques enormes de autopeças, que garantiam a produção por quatro anos. A Volkswagen resolveu manter o mix de produção do TC e do SP, imaginando que o último atingiria 3 mil compradores por ano, mas as vendas não deslancharam. A produção de automóveis demanda muito tempo de preparo da infraestrutura, e as reações do mercado, raramente previsíveis, dependem de estratégias prévias. Tenta-se "criar" mercados por moda e fantasias de superioridade.

Uma espécie de desespero foi tomando conta do departamento de marketing (que ainda não tinha esse nome) da Volkswagen. Abandonando o estilo de publicidade habitual, um anúncio exibia três quartos da frente de um TC, e uma tentativa de seduzir o comprador: "Algumas pessoas compram com a cabeça. Outras, com o coração. O TC é para quem sabe usar as duas coisas". Individualmente, o Charger, o Maverick, o Opala, o Corcel GT e o Dart de duas portas também vendiam poucas unidades, mas o conjunto acabou dominando o segmento. Para os padrões Volkswagen, a vergonha de ter carros encalhados e revendedores reivindicando baixar as cotas constituíam uma surpresa.

À esquerda: um anúncio de 1973. À direita: a última publicidade do Karmann-Ghia clássico no exterior

Em fevereiro de 1973, um anúncio mostrava um SP visto de trás, no estilo clássico da publicidade DDB, ocupando quase uma página inteira, e com argumento de venda impactante: "Se seu coração pulou ao ver esse carro, você é tão esportivo quanto ele". Provavelmente, não havia muitos corações pulando naqueles dias, ou o SP não era tão esportivo assim, a não ser que esportividade se reduzisse à exiguidade de espaço e desempenho de um sedã normal. No mesmo mês do anúncio, 307 carros encontraram compradores; 327 haviam sido fabricados e correspondiam aproximadamente aos mesmos números obtidos pelo velho Karmann-Ghia em 1970, quando o machado do carrasco já havia sido baixado.

Segundo Alfred Sloan Jr., o idealizador da General Motors, fábricas de automóveis são feitas para vender automóveis; em geral, dá-se pouca importância ao aspecto romântico que movimenta o entusiasta. Vamos comparar os TCs montados com os vendidos: 156 e 379, respectivamente. Vendiam mais TCs do que fabricavam? Não. Esses números mostram apenas que havia Volkswagens encalhados, adicionados ao Zé do Caixão. A linha de produção sofreu paralisações não em função de greves. Os dois carros nem sequer alcançavam os níveis de venda do

Gessner e sua esposa ao lado de Wolfgang Sauer, que continuou a época dos grandes presidentes da Volkswagen do Brasil

Karmann-Ghia clássico em 1969. A Volkswagen parecia ter trocado seis por meia dúzia. Em tempos de "milagre econômico", parcialmente verdadeiro para a classe média alta, que comprava automóveis, tinha havido um crescimento inaudito. Em 1973, foram produzidos 44 SP1 e 2.722 unidades do SP2. Wolfgang Sauer sugeriu o fim do TC para solucionar um problema incomum da Volkswagen: estoques de carros empoeirados que não tinham economia de escala nem sinergia de vendas com o SP.

1974 a 1976

Em 1974, houve uma festa de celebração (pequena se comparada às que cercaram o Karmann-Ghia original) ao Karmann-Ghia TC número 10.000. O TC foi fabricado de setembro de 1970 até julho de 1975. Foram quase cinco anos de suor e lágrimas. Trata-se de um tempo de vida normal para um carro normal, mas a Volkswagen não fazia parte da norma, pois o Karmann-Ghia original, que morrera por decreto, durou dez anos. Para os padrões brasileiros, não podia ser considerado um fracasso.

A comemoração do Karmann-Ghia número 10.000

O motor do Karmann-Ghia 1600 alemão.
Na parede corta-fogo, à esquerda, o plug
do Volkswagen-Diagnose

Em 1974, foram produzidos no Brasil 2.219 Karmann-Ghias TC e 1.630 SP2. Durante toda a vida do Karmann-Ghia mundial, foram produzidos 364.398 cupês e 80.897 conversíveis. A maior parte deles emigrou para os Estados Unidos e se deu muito bem por lá. O carro ainda vendia razoavelmente, mas não chegava à média histórica de 10 mil carros por ano, o dobro do que se conseguiu no melhor ano de produção no Brasil, em 1968. Em 1970, foram vendidos 34 mil unidades do Karmann-Ghia, o último bom ano antes do declínio. Em 1974, foram vendidos 8 mil unidades para os Estados Unidos, das quais apenas 1.500 foram efetivamente fabricadas (o restante era excedente de anos anteriores).

O ano de 1974 foi triste para os amantes do Karmann-Ghia. A mistura da visão de Leiding com a pressão dos tempos, que já havia extinguido o Karmann-Ghia brasileiro em 1972, exterminou a produção de um dos mais elegantes carros já fabricados no mundo. Aquela história meio heroica que começara oficialmente em setembro de 1955, mas que na realidade iniciara-se em 1952, terminava depois de dezenove anos, talvez o mais longo período de produção de um estilo único de carro esportivo barato, de grande série.

O sucessor alemão

Naquele ano de 1974, nas fábricas da Karmann-Ghia de Osnabrück e de Wolfsburg, algo meio estranho saía das enormes prensas. Não era mais o Karmann-Ghia, mas seu sucessor. Ele já estava pronto e tinha nome: Scirocco. Foi o carro que inspirou a equipe que criou o Gol brasileiro, maior e mais esportivo.

O Scirocco era um automóvel muito diferente do Karmann-Ghia, embora a fórmula parecesse igual: carroceria italiana, desenhada por Giorgetto Giugiaro, bem ensaiada em um modelo Audi, além de desenhos para a Iso, que adotou grupo motopropulsor de um sedã de série, o Golf/Rabbit de primeira geração, com motor Kraus. O carro tinha problemas de construção e, embora fosse mais ágil e veloz que o Karmann-Ghia, faltavam-lhe a qualidade da beleza

O Scirocco, o sucessor alemão do Karmann-Ghia, que seria a inspiração
para o futuro Gol brasileiro

A Karmann em Osnabrück prepara-se para o lançamento do Scirocco, sucessor do Karmann-Ghia

e o comportamento personalíssimo, que "vestia" o piloto como só os carros projetados por Porsche conseguiam fazer. Do ponto de vista mercadológico, porém, foi um sucesso retumbante: garantiu a sobrevivência da Karmann e da Volkswagen. Com o mercado ampliado geometricamente, o Scirocco teve dois modelos; o mais bem-sucedido permaneceu por sete anos em produção, vendendo 504 mil unidades, a maior quantidade por modelo jamais fabricada pela Karmann.

Karmann-Ghia de 1974: o último

A linha de 1974 da Volkswagen do Brasil

A extinção total no Brasil

Os excedentes de produção do Karmann-Ghia TC infernizavam a diretoria da Volkswagen do Brasil. Werner Paul Schmidt havia sido substituído pelo dinâmico diretor da Bosch brasileira, Wolfgang Sauer. A fábrica de Rheine se dedicava a trailers e a outros modelos para camping, oferecendo um exemplo para o que poderia ser feito no Brasil frente à perspectiva da perda de contratos com a Volkswagen.

Sauer reunia-se frequentemente com Gessner, em conversas que mais pareciam altercações. Resolveram extinguir totalmente o Karmann-Ghia TC, pois Sauer achava melhor sucatear o material já fabricado, mas aceitou aproveitá-lo para executar algumas unidades. Os empregados do segundo e do terceiro escalões estavam assustados e temiam por seus empregos. Um motorista, que tinha acesso ao bairro paulista em que viviam os dois diretores, quase vizinhos, foi fazer uma entrega em um fim de semana. Passou perto de uma piscina e observou que ambos estavam conversando alegremente, aproveitando a manhã de sol com churrasco e cerveja. Na segunda-feira, circulava na "rádio-peão" a notícia de que os dois "brigavam durante a semana, mas eram muito amigos no fim

As dimensões do Gol de 1980

de semana", conforme foi relatado por Francisco Ernesto Kiem, um dos empregados mais queridos da Karmann-Ghia do Brasil, atualmente chefe da área de vendas.

Por outro lado, as instalações físicas da Karmann-Ghia impediam qualquer expansão da capacidade de produção. A Volkswagen se preparava para lançar o Projeto BX, depois chamado de Gol. Tinha planos para uma nova fábrica fora dos limites de São Bernardo, que jamais foram executados. Dificilmente novas cores seriam vistas como modificações, tampouco a instalação de equipamentos auxiliares ou medidas de regulamentação de trânsito, como o pisca-alerta e os plásticos do conjunto óptico traseiro na cor vermelha. Segundo esse critério, o TC nunca sofreu modificações. Jamais saberemos se o Karmann-Ghia clássico teria se mantido no mercado caso a fábrica tivesse continuado a desenvolvê-lo de algum modo. Igualmente, não se poderá saber se o velho Karmann-Ghia atualizado, caso fizesse parte do mix, contribuiria para reerguer as vendas.

A Karmann-Ghia prepara-se para se afastar da fabricação de carros completos em 1975

Em 1975, fez-se apenas a montagem de peças em estoque, já que a estamparia estava parada desde o ano anterior. Foram produzidos dessa maneira 469 Karmann-Ghias TC e 1.630 unidades do SP2. Em 1976, ao extinguir o SP, Wolfgang Sauer, homem de paz, anunciou sua decisão oficial: a Volkswagen abandonava uma faixa de mercado que seria "mais bem atendida por pequenos fabricantes como a Puma", como revelou em entrevista que deu a mim.

Havia tal quantidade de carros encalhados nos pátios e nas concessionárias que a "desova" do Karmann-Ghia TC prosseguiu até 1976. Por isso, alguns certificados de propriedade e placas de identificação indicam esse ano. Quanto ao SP2, foram montadas 87 unidades, que haviam sido estampadas no ano anterior. Foi um fim pouco glorioso para a produção de carros Volkswagen pela Karmann-Ghia do Brasil.

QUADRO COMPARATIVO DE KARMANN-GHIAS FABRICADOS

Ano	País	Modelo	Número e tipo de cilindro	Localização e aferrecimento	Cilindrada (cm³)	Potência (SAE)	Velocidade máxima (km/h)	Tempo de 0 a 100 km/h (s)	Obervações
1955-1958	Alemanha	Cupê	4 Boxer	T Ar	1.192	36	122	28,8	Primeiro modelo: faróis baixos e grade dianteira simplificada; faróis traseiros retangulares de pequena dimensão
1967-1958	Alemanha	Conversível cabriolé	4 Boxer	T Ar	1.192	36	115	29,5	Mais pesado (30 kg) e menos aerodinâmico
1960-1964	Alemanha	Cupê	4 Boxer	T Ar	1.192	40	127	26,5	Bloco, cilindros e cabeçotes redesenhados
1964	Alemanha	Cupê 1500 Tipo 43			1.493	44 (DIN)	140	21,7	Chassi do Tipo 3, dois carburadores
1965	Alemanha	Cupê 1300	4 Boxer	T Ar	1.283	46	132	24	
1965	Alemanha	Cupê 1500	4 Boxer	T Ar	1.493	52	136	21	
1968	Alemanha	Cupê 1500 Automático	4 Boxer	T Ar	1.493	52	124	26	Caixa de três marchas
1972	Alemanha	Conversível 1600	4 Boxer	T Ar	1.584	60	139	19,5	Injeção de combustível
1970	Brasil	Cupê	4 Boxer	T Ar	1.584	60	140	19	Um carburador
1972	Brasil	Cupê TC	4 Boxer	T Ar	1.584	65	145	22	Dois carburadores

ESPECIFICAÇÕES TÉCNICAS
DO KARMANN-GHIA BRASILEIRO DE 1962

Carroceria	Parafusada ao chassi, com dois lugares, mais dois de emergência; cupê de três volumes.
Motor	Traseiro, de 4 cilindros contrapostos dois a dois, horizontais, de quatro tempos. Cilindrada: 1.192 cm^3 (1,2 litro). Diâmetro: 77 mm. Curso: 64 mm. Potência SAE: 36 hp correspondentes a 30 hp DIN obtidos a 3.700 rpm. Taxa de compressão: 6,6:1. Torque: 7,7 kgfm a 2.000 rpm.
Árvore de comando de válvulas	Colocada em posição central e inferior ao virabrequim; acionada por engrenagem.
Sistema de alimentação de combustível	Um carburador tipo Solex modelo 28 PIC, de fluxo descendente, alimentado por bomba de gasolina mecânica (diafragma); filtro de ar com banho de óleo.
Sistema de válvulas	Nos cabeçotes (OHV).
Atuação das válvulas	Por eixos com balancins e varetas com tuchos.
Bloco	Fundido em liga leve de magnésio e alumínio.
Lubrificação do sistema	Por pressão forçada, com bomba de óleo de engrenagens acionada pelo comando de válvulas, provido de radiador de óleo no circuito, que é montado ao lado da ventoinha; cárter na mesma liga do motor, com capacidade para 2,5 litros de óleo.
Refrigeração	A ar, por meio de ventoinha.
Sistema elétrico	Tipo Bosch de 6 volts, com gerador de 170 watts a 2.500 rpm.
Motor de partida	Tipo Bendix, colocado atrás do motor, gerando 0,5 hp.
Chassi	Plataforma de chapas de aço fixadas a um tubo central com extremidade em garfo, que serve de berço da transmissão e suporte do motor.
Suspensão	Dianteira: rodas independentes com dois feixes de lâminas de torção abrigados em tubos, flexionadas por braços arrastados duplos. Traseira: rodas independentes suspensas por semieixos oscilantes articulados na transmissão e braços longitudinais flexionando barras de torção divididas e transversais.
Freios	Hidráulicos, com acionamento de sapatas com lonas à base de amianto em tambores nas quatro rodas; de estacionamento, mecânico nas rodas traseiras.
Rodas e pneus	De aço, 4,5 x 15, com cinco pontos de fixação por meio de porcas sextavadas; pneus 5,60-15.
Direção	Sistema de setor e rosca sem fim.
Tanque de combustível	Capacidade para 40 litros de gasolina.

ESPECIFICAÇÕES TÉCNICAS
DO KARMANN-GHIA BRASILEIRO DE 1967

Motor	4 cilindros contrapostos dois a dois. Diâmetro do cilindro: 83 mm. Curso do pistão: 69 mm. Cilindrada: 1.493 cm³. Taxa de compressão: 6,6:1. Potência SAE: 52 hp a 4.200 rpm (note-se que o regime de rotações aumentou sensivelmente). Torque: 9,9 kgfm (SAE) e 2.600 rpm (também aumentado). Carburador descendente Brosol-Solex 30 PICT dotado de válvula eletromagnética que veda o giclê de marcha lenta.
Sistema de válvulas	No cabeçote, acionamento por vareta e balancim.
Transmissão	Transmissão (relação das marchas): 1ª 3,80; 2ª 2,06; 3ª 1,32; 4ª 0,89; ré 3,88; diferencial, 4,125.
Desempenho	1ª em 28 km/h; 2ª em 44 km/h; 3ª em 80 km/h e 4ª em 125 km/h (dados da Volkswagen).
Consumo	10 km/l à velocidade constante de 94,5 km/h.
Freios	Tambor nas quatro rodas, com 567 cm² de área de frenagem.
Direção	Provida de amortecedor hidráulico tipo setor e rosca sem fim; 2,4 voltas de batente a batente.
Dimensões e peso	Peso: 835 kg. Comprimento: 4,14 m. Largura: 1,63 m. Altura: 1,33 m. Altura livre do solo: 15,2 cm. Diâmetro mínimo de curva: 11,25 m. Tanque de gasolina: 41 litros. Carga útil: 305 kg.

A EVOLUÇÃO DA KARMANN
ALEMANHA

1953 — 1954 — 1955 — 1958

1959 — 1960 — 1963 — 1965

1966 — 1967 — 1968 — 1969

1970 — 1970 — 1971 — 1972

1973 — 1974 — 1974

A EVOLUÇÃO DA KARMANN
KARMANN KABRIOLETT

1935 — 1949 — 1949 — 1950

1953 — 1953 — 1959 — 1965

1965 — 1974 — 1974 — Réplica brasileira do Karmann produzido pela Sulam

A EVOLUÇÃO DA KARMANN
BRASIL

1962 — 1967 — 1968 — 1969

1970 — 1970 — 1970 — 1972

1972 — 1972 — 1972

A EVOLUÇÃO DA KARMANN
MOTORES

1100 cm³ 30 hp — 1200 cm³ 36 hp — 1500 horizontal um carburador — 1500 cm³

1600 cm³ um carburador alemão — 1600 cm³ um carburador brasileiro — 1600 dois carburadores

1500 cm³ lateral — 1500 cm³ frontal — Chassi igual em todos os modelos

Capítulo 11

O VALOR DO KARMANN-GHIA

Quem comprava o Karmann-Ghia? De 1962 a 1964, os compradores potenciais eram proprietários de Volkswagens que sonhavam com o Porsche, mas não podiam tê-lo. Foi o carro preferido de senhores de boa posição econômica e que já tinham algum sedã, muitas vezes um produto americano mais velho, ou um Simca, um Aero Willys ou um JK.

No Brasil, servia de segundo carro para transporte individual urbano, pois a classe rica emulava o que ocorria na classe média dos Estados Unidos e da Europa, em grau infinitamente menor. A partir de 1963, passou a ser o preferido por essa mesma classe como presente para um filho que ingressasse na universidade. Começava sua carreira de servir "paqueradores", já que era sucesso garantido entre moças (chamadas pejorativamente de "marias-gasolina"). A partir de 1969, o Karmann-Ghia não conseguia manter os altos valores no mercado de usados e sofreu uma queda vertiginosa, tanto no preço em cruzeiros como no preço moral. Começou a ser o carro preferido das mulheres de "má fama".

Nos anos 1970, o antigo belo passou a ser malvisto, principalmente se o motorista fosse mulher. Ter um Karmann-Ghia equivalia a ter um carro invendável. Nos final dos anos 1970, o Chevette adquiriu a mesma reputação, e nos anos 1980 seria a vez do MP Lafer carregar o estigma. As mudanças sociais de caráter sexista terminaram por eliminar a tal reputação ambígua do carro.

Entre 1973 e 1980, era possível adquirir um Karmann-Ghia por pouco dinheiro; a gíria da época era "bomba", pelos ataques de corrosão. Quem o possuísse era invariavelmente marcado como "estúpido" ou "louco". Em 1974, um Karmann-Ghia de 1968 em bom estado custava aproximadamente um sexto de um Volkswagen zero-quilômetro. Em 1981, podia-se trocar um Passat com dois anos de uso por dois Karmann-Ghias 1971 em excelente estado.

A situação econômica do Brasil havia melhorado, e pessoas com certo poder aquisitivo, antes destituídas de posses, que necessitavam da locomoção que só um carro poderia dar, passaram a ter acesso a esse tipo de veículo. No entanto, elas não tinham como bancar a manutenção e por vezes nem mesmo o combustível; é bem sabido que falta de uso é uma sentença de morte para qualquer carro, especialmente para o Karmann-Ghia, mais suscetível à oxidação. Talvez a taxa de sobrevivência não tenha chegado a 20 por cento da produção total; somada à falta de consistência histórica no país, temos um mix de destruição por esquecimento. Muitos inutilizaram diversos Karmann-Ghias para sempre, na tentativa de criar um conversível ou fazendo outras modificações. No entanto, alguns poucos conservavam o carro e não o venderam de modo algum, em parte pelos baixos preços, mas também pelo prazer de dirigi-lo ou por admirar suas linhas.

Valorização e reconhecimento

Em 1977, houve o "renascimento" do Karmann-Ghia nos Estados Unidos, o que também aconteceu na Europa por volta de 1980. No Brasil, isso ocorreu em torno de 1986. Aqueles que não podiam tê-lo quando novo, repetindo o que acontecera antes com os MG da série T, foram os primeiros a procurar o carro. Os colecionadores de carros antigos, que geralmente o viam com certo desprezo, também passaram a comprar o Karmann-Ghia. Seu valor como investimento no *boom* do movimento de carros antigos começou a ficar evidente. Em 1989, os Karmann-Ghias já começavam a ser considerados relíquias: era possível comprar uma unidade em excelente estado pelo mesmo preço de um Gol zero-quilômetro. No exterior, até essa data, o Japão firmou-se como o maior comprador de Karmann-Ghias, pois sua população adora Volkswagens de modo geral.

As várias crises financeiras do Brasil, ligadas a problemas socioeconômicos e políticos, aniquilaram mais uma vez o mercado, pelas taxas de inflação obscenas que a população enfrentava. Na gestão do então presidente Itamar Franco, a partir de 1994, as taxas de inflação infinitas foram ajustadas para números mais suportáveis. Foi desaparecendo o que o humor negro chamava de "ciranda financeira". No exterior, os preços dos carros clássicos foram inflando como "bolhas" até as crises do calote mexicano, asiático e russo.

Em 1998, era possível trocar um Karmann-Ghia 1969 conversível restaurado, em excelente estado, pela metade do preço de um Porsche 1988 original. Em 2009, as boas condições econômicas garantiram alturas estelares ao mercado de clássicos, principalmente para o Karmann-Ghia. Atualmente, é raro encontrar um à venda. Os preços no Brasil variam de 10 mil dólares (cupês) a 60 mil dólares (conversíveis).

Uma pesquisa comparativa entre o Karmann-Ghia 1600 e o Porsche 356 B ou C (que possui quatro freios a disco) mostra que os preços de veículos em excelente estado são de 10 mil e 90 mil dólares respectivamente para os cupês, e de 13 mil e 120 mil dólares para os conversíveis (já o Speedster alcança mais de 350 mil dólares). No exterior, o volume de carros produzidos garante preços de mercado de 15 mil dólares em média para o Karmann-Ghia, sendo o conversível em torno de 3 mil dólares mais caro que o cupê.

Identificação do conversível brasileiro: abaixo da placa normal

Capítulo 12

A ARTE DE PILOTAR UM KARMANN-GHIA

Depois da exclusão do Karmann-Ghia da linha de produção, a mística que cercava o carro não acabou. O interesse, entretanto, quase se extinguiu, ficando apenas latente. O que desapareceu de fato foi o julgamento do carro segundo padrões inadequados. As características mecânicas dos Volkswagens de grande confiabilidade, direção e câmbio altamente precisos e sensíveis, aceleração inicial satisfatória e velocidade de cruzeiro, consideradas esportivas até a década de 1960, mostravam que a experiência da equipe liderada por Ferdinand Porsche, advinda dos maiores carros esporte já aparecidos, estava substanciada no Karmann-Ghia. Assim como o Fusca, o automóvel "vestia" o dono. Era divertido dirigi-lo. Era econômico, fácil de manter, livre das complicações típicas de carros esporte, e fácil de lavar e de estacionar. Que nos desculpe Vinícius de Moraes, mas se beleza é fundamental, não é tudo. A fábrica jamais o anunciou como carro esporte, pois para isso havia o Porsche. As últimas séries, mais rápidas e estáveis, eram de fato de carros esportivos, que chegaram com vinte anos de atraso.

O sobre-esterço

O Karmann-Ghia jamais foi um carro rápido. Seu comportamento sobre-esterçante, mitigado em relação ao Fusca, beneficiou-se da suspensão de bitola mais larga do Tipo 3 (ou B-135 no Brasil). Dirigir um Karmann-Ghia 1600 fazendo bom uso da caixa de marchas (em segunda e terceira), em uma estrada sinuosa, com aclives, dentro da faixa de 40 a 65 km/h, é uma rara delícia. Usar a quarta marcha é um convite a sobre-esterços violentos, por perda de torque. Dosando o acelerador com a técnica das "bombadinhas" contínuas (acelerar e desacelerar rapidamente), ao sentir que a traseira do carro vai começar a desgarrar, podemos corrigir o sobre-esterço com pequenos movimentos de vaivém do volante de direção, fazendo como os pilotos de competição, mesmo com as rodas hoje vistas como raquíticas, de 4,5 ou 5 polegadas. Com isso, em vez de ficar vítima do sobre-esterço, aproveitamos as vantagens por ele oferecidas. A técnica é conhecida na Alemanha como *wischen,* uma analogia aos movimentos de um serrote.

A habilidade de pilotar um Karmann-Ghia está ligada à maestria com seu sobre-esterço

Na década de 1980, um Karmann-Ghia conversível venceu a prova de subida de montanha organizada pelo Auto Union DKW Club do Brasil, de Eduardo Pessoa de Mello, realizada na estrada do pico do Jaraguá, em São Paulo. Alguns dos mais espetaculares automóveis do mundo, entre eles o fabuloso Mercedes-Benz 300 SL, exigiam a mesma técnica, por usar semieixos oscilantes na traseira. Todos os Porsches e Ferraris de motor central, e mesmo os Fórmula-1 atuais, apresentam a característica semelhante do sobre-esterço. Talvez a habilidade de um piloto possa ser medida por sua maestria no sobre-esterço.

Bem, então, para dirigir o Karmann-Ghia, que não é um verdadeiro carro esporte, o piloto tem de ter a perícia de um corredor? A resposta é sim e não. Sim, para velocidades maiores que 70 km/h. Se não se dominar minimamente a técnica, o risco de colisão ou capotagem é real. Na melhor das hipóteses, inopinadamente o veículo dá um giro em torno de si mesmo, ficando na contramão.

Com um carro da linha Volkswagen de motor traseiro, é mais seguro manter-se dentro desse limite. Apenas o Karmann-Ghia TC, a Variant II e o Fusca "Itamar", produzido de 1993 a 1996 (com alterações nos pneus e calibragem da suspensão), são seguros até 100 km/h. As séries de bitola maior, como Variant, Brasília e TL, admitem segurança até 90 km/h. A descrição de um modo adequado para abordar as curvas quando se pilota um Karmann-Ghia é indicada pelo próprio manual do proprietário, hoje em dia objeto de cópias cada vez mais difundidas: deve-se frear levemente antes de tomar a curva. Aproximadamente antes da metade dela, deve-se acelerar rapidamente. O sobre-esterço surge quando se aborda a curva: o carro vai "fechando" a trajetória "antes" do piloto (como se as patas de trás de um cachorro quisessem "ultrapassar" as da frente). A reação espontânea de retirar o pé do acelerador durante a curva deve ser disciplinada. É necessário retificar o máximo possível a curva e tangenciá-la por dentro, eventualmente na contramão. Frear no início ou durante a trajetória da curva é boa receita para rodopios e capotagens.

O manual do proprietário do Karmann-Ghia

    É preciso prever a velocidade e o ângulo da curva, e por isso o piloto de competição faz treinos nos circuitos que permitem rapidez de ação no uso adequado do câmbio e da direção. Escolhe-se previamente uma marcha inferior, por vezes no meio da curva, para que o motor não "caia de giro". O torque disponível nos motores Volkswagen arrefecidos por ar acima de 70 km/h não é bom, mas aparece e se mantém. A curva de torque maximiza-se em torno de 2.000 rpm, e, mesmo sem conta-giros, não é difícil medi-lo pelos ouvidos, dado o nível de ruído na cabine. O funcionamento do câmbio Volkswagen age a favor do motorista; se tudo ocorrer conforme a receita, acontece a delícia de sentir a traseira do carro dialogar com o piloto, "abaixando" a suspensão traseira e fechando suavemente a curva.

    O usuário experiente do Karmann-Ghia consegue sentir a elevação dos semieixos traseiros na parte ligada às rodas; consequentemente, a suspensão desce e se ajusta, em vez de exacerbar o sobre-esterço de modo incontrolável. Após um pequeno susto inicial, ocorre a abertura da cambagem da suspensão. O conjunto todo "senta" na curva, aproveitando melhor a largura da banda de rodagem dos pneus, mais agarrados ao piso. O advento dos pneus radiais e, principalmente, das barras estabilizadoras melhorou muito tudo isso.

    O motorista de hoje perdeu essa experiência por causa da potente e dócil tração dianteira, e, mais ainda, dos sistemas computadorizados de direção

e transmissão. Antigamente, como no lema de São Paulo, "*Non dvcor, dvco*", o piloto dirigia o carro, e não o contrário. Tendo em vista a falibilidade humana, era mais inseguro, mas, para alguns, também era mais divertido. O prazer era aprender e superar-se. Outros prazeres somavam-se a esse: era possível ultrapassar por dentro de uma curva, nunca por fora (a não ser que o piloto quisesse adquirir uma passagem apenas de ida para o cemitério) um Renault Dauphine, um Gordini e até mesmo um Aero Willys, e, dependendo do outro motorista, talvez até um Simca ou um DKW, embora isso fosse um "feito" muito mais difícil.

Os pilotos do Karmann-Ghia lutavam para manter o carro na trajetória, já que os subesterçantes da época também tinham lá suas teimosias e não "fechavam" a curva. Aí residia a diferença: no sobre-esterço, o carro e o piloto trabalhavam juntos, e os dois "fechavam" a curva. Nos outros carros, era *apesar* da máquina que se conseguia fechar a curva. Quando eles necessariamente "abriam" a curva, bastava introduzir o nariz do Karmann-Ghia por dentro e jogar uma segunda marcha a uns 50 ou 60 km/h para o torque aparecer. Então fazia-se uma mudança rápida para a terceira marcha, enquanto o outro motorista tirava o pé do acelerador ao se ver no maior diâmetro da curva, por vezes se embarafustando no acostamento, ou quem sabe pertinho do *guard rail* – o Karmann-Ghia passava chispando.

Os bancos inteiriços dos carros maiores (não era o caso dos Renaults) colaboravam com o piloto do Karmann-Ghia, que dispunha de bancos individuais. A única esperança era que não aparecesse uma reta bem depois do show. A ultrapassagem do ex-ultrapassado, provavelmente irado, seria inevitável: a terceira marcha do Karmann-Ghia podia ir até 100 km/h ou 110 km/h (120 km/h no 1500 e no 1600), e engatar a quarta era o mesmo que nada. Quem sabe, em nova curva adiante, a diversão pudesse recomeçar. Se a irresponsável aventura prosseguisse, podia terminar em amizade no próximo restaurante ou no posto da polícia rodoviária. Naquela época, os policiais rodoviários usavam motocicletas Harley-Davidson ou Indian muito rápidas.

Observei certa vez um Ford LTD automático recém-lançado adernar, parecendo um transatlântico daqueles filmes americanos de tragédia coletiva. O reluzente "carrão" raspou o para-choque no asfalto ao tentar acompanhar um asmático Karmann-Ghia 1968 no Caminho do Mar (antiga estrada entre Santos e São Paulo). A desagradável visão da gigantesca grade tomando todo o retrovisor voltou só no trecho de planalto. Instintivamente, o piloto do Karmann-Ghia tocou a alavanca

O Karmann-Ghia 1968 que deu trabalho a um LTD

do freio de estacionamento: será que estava acionado? O V-8 ultrapassou o Karmann-Ghia com tanta rapidez que o motorista deve estar procurando o Ford LTD até hoje.

Calota voadora

Muitas aventuras tinham o final típico dos carros nos quais ainda não havia sido adotada a suspensão do 1600, com as rodas fixadas por quatro parafusos. Se o dono de um Karmann-Ghia, após uma curva para a direita, estacionasse rapidamente no acostamento e corresse para o meio do mato, certamente não era para satisfazer alguma necessidade fisiológica. O mais provável é que estivesse procurando uma das calotas, que escapavam do berço e saíam voando no meio da curva. Na época em que o Karmann-Ghia foi lançado, muita gente já estava acostumada ao ruído metálico, sabendo que dificilmente seria sinal de algum defeito mecânico. Alguns continuavam a viagem; outros paravam para o ritual de procurar uma calota.

Se a curva fosse para a esquerda ou se existissem ondulações no piso nas retas, a calota provavelmente cairia no meio da estrada. Mais de um dono de Karmann-Ghia foi ultrapassado por uma calota, arremessada em velocidade ainda maior que a do carro. Após titubeios, elas pareciam gostar de se alojar sob as rodas dos caminhões FNM ("Fenemê") que vinham desembestados no sentido contrário, aproveitando a "banguela". Deixadas à própria sorte – o ritual era perigoso –, mesmo depois de achatadas tinham mil e uma utilidades para quem morava ou trabalhava perto da estrada: borracheiros anunciavam seu negócio, criancinhas encontravam um novo brinquedo e outros ganhavam "vasos de flores".

A ovalização da roda que suportava o sobre-esterço, acoplada ao material e ao desenho dos ganchos de fixação, fornecia a explicação da síndrome da calota voadora. As trocas de pneu ou um descuido ao estacionar junto ao meio-fio danificavam a calota e os ganchos, deixando a fixação precária. Muitos achavam que os Volkswagens arrefecidos por ar eram dotados de alma, que parecia se expressar de muitas formas. As calotas eram ejetadas com muita facilidade com o carro em movimento, mas permaneciam inabaláveis na hora de trocar um pneu, quando começava um outro ritual, que deixava alguns proprietários descadeirados. Ele compreendia quatro fases:

1. abria-se o capô dianteiro;

2. desembrulhava-se o envelope-maleta que continha as ferramentas e, com alguma sorte, encontrava-se um aro de aço (uma extremidade parecia um monóculo gigante e a outra terminava em dois ganchos em ângulo reto);

3. colocavam-se os terminais do aro em dois buraquinhos (sempre cheios de poeira), na borda da calota, o que dava ao aro um efeito de mola;

4. dava-se um puxão com fé e vontade, com as duas mãos. Em geral, a calota ficava no mesmo lugar. O proprietário podia ser encontrado sentado no chão, a uns 2 m de distância; em alguns casos, a calota também saía voando para um lugar desconhecido ou ia parar sob as rodas de outro veículo.

O aro tinha uma espécie de mania: desaparecer sem deixar vestígio. Já que uma ou outra calota ia se perdendo, muita gente resolvia o assunto livrando-se das restantes. Para ter certeza de que nenhum consultor técnico da concessionária Volkswagen mais zeloso (isso existia naquela época) tentasse repor as calotas, arrancavam-se os ganchos de fixação. Rapidamente se resolveu que a ausência de calotas conferia um aspecto mais esportivo ao Karmann-Ghia. Finalmente, a fábrica parou de equipar os carros com esse acessório, que se tornou apenas uma tampinha, mas o Karmann-Ghia original não era mais fabricado.

Mesmo não sendo rápido, o Karmann-Ghia mantinha médias rápidas: podia cruzar, sem nenhum drama, entre 90 e 110 km/h até o final do trajeto, ou até terminar o combustível. Como todo Volkswagen, incomparável nas condições de trânsito urbano pela excelência da transmissão, embora a embreagem por monodisco seco nunca tenha sido um ponto forte, tendia a patinar, ou a dar trancos, sem estágios intermediários.

O sistema de direção tinha uma leveza que hoje se perdeu. Jamais foi testado em túnel de vento; a aerodinâmica vinha da intuição de Mario Boano. A conta de gasolina, que preocupava pouca gente, era baixa, pois ele fazia 10 km por litro; em quarta velocidade, podia chegar a 16 km por litro. O TC tinha tudo isso e mais conforto, mantendo médias maiores, relevantes em viagens longas. Tinha retomada de velocidade mais "cheia" e era mais agradável de dirigir.

Em 1959, o Karmann-Ghia tradicional passou a ser equipado com faróis sealed beam, muito mais eficientes. Depois da adoção do sistema elétrico de 12 V, eram dos melhores em toda indústria. Um equipamento muito apreciado esteticamente era o farol auxiliar, chamado "de milha", e também o "de neblina", amarelado. Durante alguns anos preferiu-se o de desenho retangular, pequeno. Em 1968, a Cibié introduziu em todo o mundo as enormes "panelas" que reproduziam os faróis usados em ralis. O TC e o SP vinham de fábrica com lanterna de iluminação de ré. O SP também tinha, além das luzes de cortesia, uma lanterna traseira vermelha.

Capítulo 13

COMPETIÇÕES E CONCORRÊNCIA

Nos anos 1950, os carros com a marca Volkswagen chegaram a se notabilizar em corridas: conseguiram o quinto lugar no Rali de Monte Carlo de 1956, venceram os ralis da África e da Austrália e sagraram-se vencedores da categoria na Carrera Panamericana, famosa prova de estrada no México, entre outros expressivos resultados. Mas, a partir de 1957, serviam apenas como veículo de iniciantes. Participavam apenas das corridas ilegais, nas ruas e nas estradas. O Karmann-Ghia, com apenas uma exceção, participou somente desse último tipo de disputa.

Motor Volkswagen 1200 com dois carburadores

Na Europa e nos Estados Unidos, logo surgiram empresas que fizeram fortuna oferecendo kits especiais para os Karmann-Ghias, para que seu desempenho ficasse à altura de sua aparência. Na década de 1950, havia três tipos de abordagem: incrementar o sistema de alimentação, fazer modificações na cilindrada e instalar um compressor. Os anêmicos carburadores 28 estrangulavam o motor, e, para sanar o "defeito", surgiram os equipamentos Okrasa, fabricados pelo alemão Gerhard Öttinger, e o Speedwell inglês, que provia dupla carburação. Cilindros maiores aumentavam a cilindrada, e, em decorrência de limitações do motor 1200, até o final de 1960, ele podia chegar a 1,4 litro. A fábrica suprimia a garantia, mas, a partir de 1961, ela mesma passou a dotar os motores de maior cilindrada e melhor alimentação, mais segura com o bloco reforçado. Compressores eram fabricados pela MAG suíça e pela Judson americana. Muitos proprietários de Karmann-Ghia associavam todos os equipamentos para melhorar o desempenho do carro.

Na década de 1970, apareceram os excelentes kits EMPI, da Califórnia, que copiavam os antigos virabrequins Hirth roletados do Porsche Carrera. O motor agora permitia aumentos de cilindrada para até 2,2 litros. Era possível ter um Karmann-Ghia 1700, 1800 e até 2000. Inicialmente, adaptaram-se os carburadores do Gordini (Solex 32 em vez do 28 ou do 30) e do Opala (40). Com o lançamento do SP2, os cilindros de 88 mm, que elevavam a cilindrada para 1.700 cm³, ficaram mais acessíveis. A Puma passou a vender comandos de válvulas especiais, os conhecidos P2 e P3. Era quase impossível andar com o carro na cidade: a marcha lenta ficava extremamente irregular. Todos estes kits comprometiam a vida útil do motor; era necessário instalar um conta-giros no pobre painel do Karmann-Ghia.

Anúncio de compressor feito pela Judson

Com kits de aprimoramento, era possível ter um Karmann-Ghia 1700, 1800 e até 2000. O conversível da foto, alterado, possuía um motor 1800 com carburadores Solex 40

Para melhorar a estabilidade, foram tentados alargadores de bitola, dispositivos colocados entre a roda e o tambor de freio, que impunham sobrecarga insuportável às pontas de eixo, aos rolamentos dos cubos e aos pneus, única solução em um parque industrial pobre. Rodas de talas mais largas foram surgindo, fabricadas pela FNV, pela Mangels e pela Italmagnésio nos anos 1970, em liga leve. Um sistema auxiliar de refrigeração do óleo, inspirado no Porsche, e a suspensão rebaixada melhoraram o visual do Karmann-Ghia, pelo menos para os jovens. As séries fabricadas antes de 1970 tinham uma aparência dos anos 1950, com rodas muito centralizadas em relação ao eixo longitudinal do carro.

O Karmann-Ghia-Porsche Dacon

Apenas no Brasil o Karmann-Ghia se notabilizou nas pistas, embora bastante modificado. A concessionária Volkswagen Dacon, que também representava a Porsche, de propriedade do arquiteto Paulo Goulart, equipou alguns Karmann-Ghias com motores Porsche S90, em uma corajosa mas não bem-sucedida tentativa de acabar com o reinado das berlinetas Alpine Renault A110, que a Willys havia importado. Mesmo sem dispor dos recursos de uma fábrica, substituiu as carrocerias de aço por equivalentes de compósito de plástico reforçado com fibra de vidro, executadas com arte por Anísio Campos. Inicialmente brancos e depois azul-marinho, esses carros foram pilotados em provas de longa duração pelos irmãos Fittipaldi e por José Carlos Pace, cuja grande vitória ocorreu em Brasília. A fascinante história do Karmann-Ghia--Porsche da Dacon daria um livro.

Os Karmann-Ghias com motor Porsche se notabilizaram em Interlagos na década de 1960

O Karmann-Ghia-Porsche Dacon: ótimo desempenho em corridas

No início do século XXI, o publicitário carioca Paulo Lomba, cujo amor ao clássico nacional parece insuperável, preparou uma réplica desses carros, exibida em um dos encontros do Porsche Club. Também alcançou certa popularidade com a instalação do potente seis-cilindros Corvair. O Karmann-Ghia vestia esse motor como uma luva e demonstrava um desempenho excepcional: um exemplar com motor Corvair de 165 cv chegou a 100 km/h em menos de 9 segundos. Todo esse torque permitia uma correção rápida do sobre-esterço nas curvas, mas o chassi e os freios do carro não faziam jus à oportunidade oferecida pelo motor. Uma série de equipamentos tentava criar um mercado, e muitos foram populares no sentido estético e utilitário (e também de futilidade): abas

O autódromo de Interlagos era palco da disputa dos Karmann-Ghias "envenenados"

transparentes sobre a janela lateral para diminuir a entrada de chuva ao longo da coluna A, por vezes coloridas, e grade central dianteira sobre o nariz do carro, o que lhe conferia um ar de Alfa Romeo.

A grade central dianteira conferia ao Karmann-Ghia um "ar" de Alfa Romeo

A concorrência

A comoção causada pelo Karmann-Ghia muito cedo deixou o mercado repleto de concorrentes, que tentavam conquistar uma parcela do filão aberto por esse modelo. O problema era concorrer com a genialidade. Nos primeiros anos, houve verdadeiras cópias, na Itália e na França, feitas por carrozzieri concorrentes, que, apesar de terem mais experiência, adquirida antes da guerra, não podiam fazer frente à técnica e ao serviço de pós-venda da Volkswagen.

O maior concorrente do Karmann-Ghia foi, na verdade, o tempo. A junção do fenômeno social da afluência, o desenvolvimento dos automóveis asiáticos e uma certa mistura das ofertas de sedãs, que passaram a ter aparência e desempenho esportivos, melhores até que dos genuínos carros esporte (os muscle cars e os econoboxes, como o Subaru Impreza e muitos outros) compunham um cenário de concorrência para o Karmann-Ghia.

As cópias do Karmann-Ghia surgiram instantaneamente, principalmente sobre chassi Ozuphine: Zagatom 1958, o Thunderbird 1955 e o primeiro Corvair

Durante dezenove anos, os concorrentes das outras fábricas foram trucidados no mercado pelo Karmann-Ghia, como ocorreu com o Fusca. Eles não podiam oferecer uma construção tão honesta, nem serviços de pós-venda confiáveis, nem um desenho atemporal. Boa parte dos carros da concorrência era cópia de desenhos americanos, principalmente do primeiro Thunderbird e do Chevrolet Corvair. Todos se beneficiaram da moda cambiante, pois foram projetados depois. Tinham menor preço, menor cilindrada e melhor desempenho em estrada que o Karmann-Ghia. Paradoxalmente, apesar do fato de terem se dado mal no mercado, de modo geral deram uma inestimável contribuição: enriqueceram o panorama automobilístico, trazendo grande satisfação a proprietários que se dispunham a tolerar defeitos.

A Ford se interessava pelo capital da Carrozzeria Ghia desde a época de De Tomaso (e acabou adquirindo seu controle em 1973). Rejuvenescida, em 1969, a empresa conseguiu idealizar o grande sucessor do "conceito Karmann-Ghia": um Mustang em ponto menor para o mercado europeu e americano, chamado Ford Capri II. Pode-se dizer que de fato ela *inverteu* o conceito: um verdadeiro carro de família com linhas e temperamento esportivos. Cansada da teimosia arrogante acoplada a sérios problemas trabalhistas da Ford de Dagenham, na Inglaterra, transferiu boa parte do projeto para a Ford de Colônia, Alemanha.

No alto: o Ford Capri II.
Acima: o Ford Capri III

Os projetistas do veículo anglo-germânico captaram uma nova massa crítica de mercado, um público inexistente logo após a guerra, composto de famílias de melhor poder aquisitivo, vontade e possibilidade de viajar para mais longe, cujos filhos, em vez de perecerem nos teatros de guerra, haviam crescido. Um verdadeiro carro de família em estonteante gama de opções: dos modelos de 1 e 3 litros com quatro cilindros aos de 3 litros V-6 turbo, que alcançavam quase 200 km/h e precisavam de menos de 9 segundos para acelerar até 100 km/h. Ele permaneceu competitivo até o final da década de 1980 como Capri III. A versão de corrida preparada pela empresa Zakspeed chegou a vencer até mesmo um BMW. O carro ocupou o mercado que até então fora do Karmann-Ghia e mostrou à Toyota, à Honda e à Mitsubishi o valor desse nicho de mercado, atualmente ocupado pelos hatch esportivos de cinco lugares e cinco portas.

Não se pode dizer que a Volkswagen tenha ficado parada olhando seus competidores açambarcarem um mercado que havia sido seu. O mesmo Leiding da Variant, do TL, do SP2 e da Brasília foi pouco tempo depois escudado por Ludwig Kraus, responsável pela reviravolta da Volkswagen em direção à tração dianteira, ao arrefecimento a líquido e às carrocerias econobox, inteligentemente desenvolvidas a partir da inspiração de Alec Issigonis, da Austin-Morris. É impossível dizer o que ocorreria se a decisão incluísse manter o EA266, carro com motor central da equipe de Ferdinand Piëch na Porsche, o substituto do "besouro", tão avançado quanto era o Fusca na década de 1930.

Como no Brasil, na Volkswagen alemã houve dois sucessores do Karmann-Ghia, desenhados por Giorgetto Giugiaro: o Volkswagen Scirocco (versões I e II) e o Volkswagen Corrado, de linhas mais suavizadas para os anos 1990. Nos dois casos, a colaboração da Karmann se manteve. Como não tinham nenhuma marca de gênio, não puderam alcançar o sucesso do Karmann-Ghia. Mais caros, mais complicados, com estilo e mecânica convencionalmente contemporâneos (leia-se: seguiam a moda), eram empolgantes mas não fascinantes. Jamais capturaram a imaginação do público como o Karmann-Ghia.

Inicialmente, o Scirocco sofreu sérios problemas de qualidade. A Volkswagen tornava-se um fabricante como outro qualquer. Embora tenha se recuperado nos anos 1980 com a administração de Carl Hahn, legítimo sucessor de Heinz Nordhoff no que tange à procura de qualidade, a empresa ainda lutava por sua identidade, perdida desde a era Leiding. O Corrado, considerado melhor que um Porsche em alguns aspectos, foi um automóvel excelente, mas acabou tendo sua fabricação suspensa por falta de demanda.

Ferdinand Piëch assumiu a presidência da Volkswagen na década de 1990, retomando o legado iniciado por seu avô, Ferdinand Porsche. Responsável por alguns dos mais bem-sucedidos Porsches de competição da década de 1970, personagem de dramas familiares que, por vias tortuosas, aprendeu muita coisa com Ludwig Kraus, elevando a Audi ao nível de uma grande marca mundial, prosseguiu a recuperação da Volkswagen iniciada por Hahn. Os movimentos de Piëch foram mais que ousados: no final da década de 1990 e início do século XXI, executou aquisições arriscadas tanto de pessoal de outras empresas quanto de marcas venerandas e tipicamente esportivas: Bentley, Lamborghini, Bugatti e, em uma reviravolta financeira notável, a Porsche. A gestão de Wendelin Wiedeking, que havia salvado a Porsche da falência em 1992, acabou em 2008, com a empresa novamente mergulhada em problemas financeiros. Um sucessor digno do Karmann-Ghia, que desde 1974 realmente não surgiu, talvez esteja no forno agora, com a equipe Porsche levada sob as asas do Volkswagen Automobile Group.

Competidores no Brasil

Nunca houve um competidor direto do Karmann-Ghia no Brasil, mas o mercado dispunha de verdadeiros carros esporte, com faixa de preço mais elevada, de manutenção mais complexa e bipostos, como o Willys Interlagos de 1962 em três versões, o Brasinca com motor Chevrolet-Brasil seis-cilindros, de 1965, desenhado por Rigoberto Soler, e o Puma GT, com mecânica DKW, de 1966. Todos esses carros ressaltavam o desempenho modesto e a alta qualidade do Karmann-Ghia.

À esquerda: o Willys Interlagos Berlinetta 1964 e outros produtos da Willys. À direita: o Brasinca. Os dois eram competidores do Karmann-Ghia

Veículos de melhor desempenho com base Volkswagen, como o Puma GT 1500, eram mais caros, e não propriamente concorrentes, apesar da irritação do então presidente da Volkswagen. A faixa de mercado do Karmann-Ghia desapareceu, e, com ela, o produto. Em seu lugar, vieram sedãs de preço e desempenho mais elevados a partir de 1968, como o Simca GTX, o Corcel GT (que aproveitava algumas indicações do Capri II europeu), o Dodge Dart de duas portas, o GT e o Charger, o Opala SS de quatro e de seis cilindros e o Maverick V-8, que satisfaziam os anseios e o gosto dos mais jovens. Muitos preferiam dar um salto financeiro, que a rigor jamais poderiam se permitir, evitando o "velho" Karmann-Ghia, que não dava mais *status* e era menos útil que um sedã dotado de um verdadeiro porta-malas. Problemas financeiros do país e uma tendência mundial fizeram com que econoboxes de alto desempenho – Gol GT e GTi, Escort GT e Kadett GSi – substituíssem, até certo ponto, aqueles sedãs, que agora eram representados pelo Passat TS. Em termos práticos, a Volkswagen percebeu as mudanças e se adaptou a elas.

O sucessor

A Volkswagen confiara à Karmann a produção do Scirocco, um cupê desenhado por Giorgetto Giugiaro, que já criara para a Audi e para a Volkswagen (Audi 60-100, Passat e Polo) uma linha completa da primeira geração de sedãs e peruas equipadas com o motor arrefecido por água de Ludwig Kraus. Foram produzidos mais de 800 mil Sciroccos na primeira geração. Na segunda geração, nos anos 1980, foi estabelecido o departamento interno de desenho da Volkswagen, que substituiu a Italdesign. No Brasil, esses novos desenhos, mais pesados e datados, foram representados pelo primeiro Santana.

O Scirocco II, de 1979 (no alto), e o Scirocco III, de 1981 (acima)

Os dados a seguir mostram a comparação do Karmann-Ghia com seus competidores.

Suécia

Marca	Ano e modelo	Número e tipo de cilindro	Localização e aferrecimento	Cilindrada (cm³)	Potência	Velocidade máxima (km/h)	Tempo de 0 a 100 km/h (s)
Volvo	1961-1980 1960 P 1800 coupé	4-linha	D líquido	1778	115	170	15

Volvo P1800

Um dos poucos fabricantes que podia ombrear-se à Volkswagen na qualidade; em termos de fama, seus produtos igualavam-se aos franceses. Concorriam em uma faixa de preço superior à do Karmann-Ghia, mas o intuito do carro era o mesmo. Desenho sueco, em três volumes, italianizado pela Frua, de Turim. Teve alguns "azares" que se tornaram sorte: ganhou fama (e propaganda grátis) na série de TV *O santo*, novela policial de Leslie Charteris estrelada por Roger Moore. Os produtores não conseguiram o que mais desejavam, o Jaguar E, cuja fábrica nem se deu ao trabalho de responder à requisição. A primeira escolha havia sido a Karmann; após alguns estudos, os alemães de Osnabrück alegaram falta de espaço e de pessoal. Nesse momento, a fábrica inglesa Jensen ofereceu condições mais vantajosas, e, sem outra alternativa, conseguiu a produção do P1800, com o tempo oferecido também em versão station wagon esportiva, de enorme sucesso.

França

Marca	Ano e modelo	Número e tipo de cilindro	Localização e aferrecimento	Cilindrada (cm³)	Potência	Velocidade máxima (km/h)	Tempo de 0 a 100 km/h (s)
Simca	1955-1961 Simca Aronde Plein Ciel (apesar do nome), com variações mais luxuosas, a Week-End e o Coupé de Ville; Océane, conversível, derivados do Aronde.	4-linha	D líquido	1.290 74*76	57	140	19

Simca Océane

A pátria do boulevardier produziu os mais válidos concorrentes do Karmann-Ghia. A Simca contratou a limitada Metallon, fabricante do Facel-Vega, comprometendo a construção. Desempenho e acabamento variavam do agradável ao excelente.

Marca	Ano e modelo	Número e tipo de cilindro	Localização e aferrecimento	Cilindrada (cm³)	Potência	Velocidade máxima (km/h)	Tempo de 0 a 100 km/h (s)
Simca	1962-1969 Simca 1000 (depois 1200) Coupé Bertone	4-linha	T líquido	944	51,3	140	22

Simca 1000

O chassi Simca 1000, cuja carroceria era de Boano. O cupê mostra como o Karmann-Ghia teria sido Giorgetto Giugiaro, influenciado por Filippo Sapino, desenvolveu o desenho. A modernização se deu na maior integração dos para-lamas, na manutenção das delicadas colunas A, B e C e no equilíbrio geral.

Marca	Ano e modelo	Número e tipo de cilindro	Localização e aferrecimento	Cilindrada (cm³)	Potência	Velocidade máxima (km/h)	Tempo de 0 a 100 km/h (s)
Renault	1962-1969 Renault Floride (conversível) 1958 Caravelle, com hardtop removível	4-linha	T líquido	845 1.108	40 57,5	130 140	23 20,1

Em sentido horário: nas duas primeiras imagens, os protótipos do Floride; o Floride de linha; o Alpine A6 de 1965; o Caravelle; mais duas imagens do Floride, de traseira e ao lado do Karmann-Ghia

Desenhados por Mario Boano, anulavam parte da vantagem do Karmann-Ghia e foram mais bem-sucedidos. Ainda trabalhando para a Ghia, ele fez os principais carros da Renault depois da nacionalização – o Frégate, de 1951 (cujos para-lamas dianteiros e traseiros são muito semelhantes aos do Karmann-Ghia), e o Dauphine, de 1956, que forneceu a base do esportivo 2+2. O lançamento foi cercado de confusão: Luigi Segre, atrelado a um contrato com a Volkswagen (via Karmann), ficara com os desenhos de Boano. Ele combinou com outro carrozzieri, Pietro Frua, que este assinaria e também assumiria a execução do veículo, livrando a casa Ghia de processos legais que pudessem ser movidos pela Volkswagen e por Boano. Outro complicador foi a imposição do diretor da Renault, Pierre Dreyfus, de que o carro só fosse lançado no Salão de Paris. Segre tinha uma subsidiária em Genebra, a Ghia-Suisse, e, louco para lançar o carro por ocasião do Salão de Genebra, seis meses antes, exibiu o protótipo executado por Frua. Dreyfus acionou Segre em dois fóruns; no final das contas, Segre aceitou que a propaganda dissesse que o desenho era da própria Renault. Eram mais delicados, charmosos e modernos que o Karmann-Ghia, ou seja, eram datados, sem possuir a marca do gênio. Mauro Salles imaginava que o Floride seria lançado no Brasil; em seu lugar, tivemos o Interlagos, clone fiel do Alpine A108, de Jean Rédélé. Eles se tornaram populares na Europa, mas não nos Estados Unidos. A imprensa chegou a chamá-los de "Karmann-Ghia da Renault". A versão A6 do Alpine, lançada para concorrer com o Karmann-Ghia, era menos conhecida e não foi bem-sucedida.

Marca	Ano e modelo	Número e tipo de cilindro	Localização e aferrecimento	Cilindrada (cm³)	Potência	Velocidade máxima (km/h)	Tempo de 0 a 100 km/h (s)
Panhard	1964-1968 24 CT	2-linha	D ar	850	59,2	150	18

Panhard 24 CT

Lançado em 1964, era um cupê de alto desempenho, refrigerado a ar, com carroceria muito moderna em alumínio, como a do Audi A8, e não faria feio nas estradas de hoje. A vibrante e progressista empresa já era centenária, mas, incapaz de prosseguir em um mercado cada vez mais complexo, foi absorvida pela Citroën em 1963.

Marca	Ano e modelo	Número e tipo de cilindro	Localização e aferrecimento	Cilindrada (cm³)	Potência	Velocidade máxima (km/h)	Tempo de 0 a 100 km/h (s)
Peugeot	1963-1970 404 cupê e conversível	4-linha	D líquido	1618	85 (com injeção de combustível)	152	16,8

Peugeot 404 de 1965

Desenhados por Farina, concorriam na faixa superior. Nos anos 1990 e já no século XXI, os conversíveis de teto duro 306, sempre com carroceria Pininfarina, levam adiante o "conceito Karmann-Ghia".

Marca	Ano e modelo	Número e tipo de cilindro	Localização e aferrecimento	Cilindrada (cm³)	Potência	Velocidade máxima (km/h)	Tempo de 0 a 100 km/h (s)
Facel	1961-1965 Facel Vega II	V-8 Chrysler	D ar	850	59,2	150	18
	Facel Vega III	BMW 4-linha					

À esquerda, o Facel Vega com motor Chrysler V8, herdeiro do Thomas Special. À direita, o Facel Vega III

Herdeiros anêmicos do Delahaye e do Delage, sem mecânica própria, utilizavam a do V-8, da Chrysler, e continuaram, como o Monteverdi suíço, a tradição do Thomas Special. Dificuldades no mercado provocaram a criação de uma versão de quatro cilindros (BMW). A despeito dos inúmeros problemas de qualidade, eram luxuosos, rápidos, com estilo algo semelhante ao do Mercedes-Benz, e tinham o mesmo conceito do Karmann-Ghia, em classe superior de preço.

Alemanha

Marca	Ano e modelo	Número e tipo de cilindro	Localização e aferrecimento	Cilindrada (cm³)	Potência	Velocidade máxima (km/h)	Tempo de 0 a 100 km/h (s)
Borgward	1956-1961 Isabella Coupé	4-linha	D líquido	1.493	75	145	17,8

Borgward Isabella Coupê

O sagaz Carl Borgward, dono da dinâmica indústria de Bremen, manteve o desenho de proporções idênticas às do Karmann-Ghia, com toques americanizados de grande efeito em um cupê: cromados, push buttons no painel e motor de 1,5 litro. Tanta sagacidade produziu dificuldades administrativas, e a empresa acabou falindo em 1961.

Marca	Ano e modelo	Número e tipo de cilindro	Localização e aferrecimento	Cilindrada (cm³)	Potência	Velocidade máxima (km/h)	Tempo de 0 a 100 km/h (s)
DKW	1957-1965 Auto Union 1000 SP, com teto duro e conversível	3-linha	D líquido	981	50	142	20

DKW 1000 SP

Um dos "pequenos Thunderbirds europeus", que chegava quase ao plágio. Como todo DKW, tinha tração e motor dianteiros, de dois tempos, e dirigibilidade muito condescendente. As boas relações com a Karmann não ajudaram, pois a empresa operava em plena capacidade para a Volkswagen. Karl Baur, de Stuttgart, foi contratado para cuidar das carrocerias. Mais caro que o Karmann-Ghia, custava 11 mil marcos; permaneceu sete anos no mercado, de 1958 a 1965. Elogiadíssimo pela imprensa, sofreu contínua queda nas vendas, e sua produção foi interrompida antes mesmo da aquisição da DKW pela Volkswagen.

Marca	Ano e modelo	Número e tipo de cilindro	Localização e aferrecimento	Cilindrada (cm³)	Potência	Velocidade máxima (km/h)	Tempo de 0 a 100 km/h (s)
NSU	1957-1965						
	NSU	2-linha	T ar	594	35,5	132	23
	Prinz conversível	Wankel 1	T líquido	500	49,3	149	17

NSU Prinz conversível

Estilizado na Itália por Michellotti, tinha preço similar ao do Volkswagen. Em 1961, o cupê foi equipado pioneiramente com motor Wankel, de pistão rotativo. Problemas persistentes, semelhantes aos do dois-tempos decretaram o fim do carro e da fábrica, absorvida pela Volkswagen.

Marca	Ano e modelo	Número e tipo de cilindro	Localização e aferrecimento	Cilindrada (cm³)	Potência	Velocidade máxima (km/h)	Tempo de 0 a 100 km/h (s)
Glas	1961-1966 Goggomobil Coupé	2-linha	T ar	395	18,5	105	39
	1963-1968 Goggo S 1004, 1304 e 1304TS	4-linha	D líquido	993 (1.290)	40 (60/85)	130 (149/170)	23 (18/15)

À esquerda: o Glas Goggomobil Coupé. À direita: o Goggo 1100

Veículos de três volumes, ficaram apenas quatro anos no mercado. Tanto o NSU como o Goggomobil tinham motor de alta compressão, problemas sérios de durabilidade e nenhuma expressão fora da Alemanha.

Marca	Ano e modelo	Número e tipo de cilindro	Localização e aferrecimento	Cilindrada (cm³)	Potência	Velocidade máxima (km/h)	Tempo de 0 a 100 km/h (s)
Rometsch-VW	1951-1961 (dados do Rometsch 1961)	4 boxer VW	T ar	1.192	40	110	31

À esquerda, o Rometsch 1953. À direita, o Rometsch 1958

Verdadeiro predecessor do Karmann-Ghia, feito em Berlim. A Rometsch foi a primeira fabricante alemã de carrocerias a colocar no mercado um carro com o mesmo conceito do Karmann-Ghia, sem aprovação da Volkswagen. Conseguiu manter-se por dez anos. O primeiro modelo chamava-se "Banana", pelo desengonçado desequilíbrio de linhas. O modelo de 1958, datado, era bastante americanizado.

Suíça

Marca	Ano e modelo	Número e tipo de cilindro	Localização e aferrecimento	Cilindrada (cm³)	Potência	Velocidade máxima (km/h)	Tempo de 0 a 100 km/h (s)
Beutler	1956-1964 Beutler	4 boxer VW	T ar	1.192	40	110	34

Beutler

A Beutler fazia carrocerias sobre base Porsche, com aprovação da fábrica. Mais caro que o Karmann-Ghia e mais bem acabado, como o Rometsch, tinha o mesmo conceito. Nessa época, os Estados Unidos faziam as vezes da Alemanha de hoje: os carros eram maiores, melhores, mais úteis e ao alcance de quase todos.

Marca	Ano e modelo	Número e tipo de cilindro	Localização e aferrecimento	Cilindrada (cm³)	Potência	Velocidade máxima (km/h)	Tempo de 0 a 100 km/h (s)
Chevrolet	1962-1964 1965-1969 (dados do Corvair Corsa 1965)	6 boxer	D líquido	2.638	142	185	12

À esquerda, o Corvair Corsa 1966. À direita, o Covair Monza 1962

Os Estados Unidos eram o maior mercado para a Volkswagen fora da Alemanha, o que deixava alguns executivos de empresas americanas preocupados. A primeira reação veio da General Motors. Em 1962, a "fórmula Karmann-Ghia" renasceu, de modo bastante lógico, no Chevrolet Corvair Monza (1962), com motor de seis cilindros refrigerado a ar, montado na traseira, que por sua vez acabou influenciando severamente a Volkswagen no "segundo Karmann-Ghia". Cupês de três volumes, remodelados em 1965 sob o nome de Corvair Corsa. Bem acabados, de comportamento esportivo, desempenho mais que razoável (atingiam consistentemente mais de 160 km/h), podem ser descritos por apenas uma palavra: americanos, com todos os superlativos, excessos e qualidades positivas que ela significa.

Marca	Ano e modelo	Número e tipo de cilindro	Localização e aferrecimento	Cilindrada (cm³)	Potência	Velocidade máxima (km/h)	Tempo de 0 a 100 km/h (s)
Ford	1964 (ainda em produção, sob várias formas; retorno nostálgico no século XXI) (dados do 1966, com motor mais típico)	6 boxer	D líquido	2.638	142	185	12

Ford Mustang

Em 1964, o formidável Ford Mustang pôde ser visto como o "conceito Karmann-Ghia" em ponto maior: o pony car, que oferecia quase tudo que faltava ao Karmann-Ghia – exceto qualidade. Mesmo as séries desengonçadamente engordadas e descaracterizadas dos anos 1970, em estilo "garrafa de Coca-Cola", e os anódinos perfis esquadriados dos anos 1980 mantiveram o conceito. Repetiu o sucesso do Falcon – o sedã que lhe deu origem – sobre o fracasso do Corvair. Rapidamente, como ocorrera no mercado dos sedãs de família, a General Motors deu o troco: sobre a base do Chevy II, criou o Chevrolet Camaro e seu clone sofisticado, o Pontiac Firebird, para concorrer na mesma categoria. O mercado americano era tão maior que a comparação talvez seja infeliz caso não se restrinja o conceito (ou "fórmula"). Foram substituídos pelos muscle cars.

Itália

A terra do belo produziu o maior número de modelos no mesmo conceito do Karmann-Ghia.

Marca	Ano e modelo	Número e tipo de cilindro	Localização e aferrecimento	Cilindrada (cm³)	Potência	Velocidade máxima (km/h)	Tempo de 0 a 100 km/h (s)
Fiat	1957-1963 Fiat 1100 e 1200 Coupé Grandluce Transformabile 1965-1972 Fiat 850	4 boxer VW	T ar	1.192	40	110	34

No alto: o Fiat 1100 conversível.
Acima: o Fiat 850 Bertone e o Fiat 850 Farina

O Fiat 1100 e o 1200 Coupé (década de 1950) tinham carroceria esportiva Farina. O Fiat 850 dispunha de motor traseiro desenhado por estilistas a serviço de Nuccio Bertone (cupê) e Farina (conversível). Rápidos, um tanto toscos no acabamento, econômicos e vibrantes, davam mais emoção aos motoristas que o Karmann-Ghia. Tiveram pouca expressão mercadológica fora da Itália. Houve muitas versões feitas por um sem-número de carrozzieri, como Moretti, Autobianchi e outros pequenos construtores.

Marca	Ano e modelo	Número e tipo de cilindro	Localização e aferrecimento	Cilindrada (cm³)	Potência	Velocidade máxima (km/h)	Tempo de 0 a 100 km/h (s)
Skoda	1958-1969 Octavia e Felicia	4-linha	D líquido	1.089	50	130	26
	1970-1980 110 R Coupe		T líquido				

Skoda Octavia

Tchecoslováquia

Pronuncia-se "scôda". Trata-se de um conversível com teto rígido removível, apreciado no Brasil apesar da importação irregular, baseada em facilidades econômicas oferecidas pelos países do Comecon (órgão de integração econômica das nações do antigo Leste Europeu). Construção de má qualidade.

Reino Unido

No final da década de 1940 e nos primórdios dos anos 1950, o Reino Unido parecia ser a grande potência exportadora, mas a falta de domínio tecnológico e a não adesão a métodos modernos de administração, seguidas de estatização e submissão a sindicatos, decretaram a decadência de uma indústria que havia sido o berço de todas as outras. Nesse contexto, inseriam-se os concorrentes do Karmann-Ghia. Alguns carros foram listados apenas por representarem o mesmo conceito, embora fossem para milionários.

Marca	Ano e modelo	Número e tipo de cilindro	Localização e aferrecimento	Cilindrada (cm³)	Potência	Velocidade máxima (km/h)	Tempo de 0 a 100 km/h (s)
Ford	1961-1966 Ford Capri	4-linha	D líquido				

Ford Capri

Tinham mecânica convencional, grade "estelar" e estilo ovoide semelhante aos T-Bird de terceira série, e foram chamados de "O Edsel da Inglaterra". Com problemas de qualidade e um estilo que parecia uma caricatura americanizada, em escala menor, não seduziram o mercado fora das ilhas Britânicas.

Marca	Ano e modelo	Número e tipo de cilindro	Localização e aferrecimento	Cilindrada (cm³)	Potência	Velocidade máxima (km/h)	Tempo de 0 a 100 km/h (s)
Triumph	1961-1969 Triumph Herald	4-linha	D líquido	1.147	52	132	29
	1969-1972 Triumph Vitesse	6-linha	D líquido	1.596	71	145	18

Triumph Herald conversível

Esperavam voltar ao domínio do mercado internacional, mas foram sabotados por problemas de qualidade, além do quadrático estilo Michelotti.

Marca	Ano e modelo	Número e tipo de cilindro	Localização e aferrecimento	Cilindrada (cm³)	Potência	Velocidade máxima (km/h)	Tempo de 0 a 100 km/h (s)
Hillman Singer Sunbeam	1957-1967 Hillman Minx, Singer Gazelle e Sunbeam Rapier	4-linha	D líquido	1.725	92	157	15

Sunbeam Rapier

Os esportivos Rootes eram como a escala menor do Studebaker 1953 – o grupo sempre foi americanizado. O desenho também vinha do escritório Löewy. Eram sólidos e caros.

Marca	Ano e modelo	Número e tipo de cilindro	Localização e aferrecimento	Cilindrada (cm³)	Potência	Velocidade máxima (km/h)	Tempo de 0 a 100 km/h (s)
Bentley Bristol Alvis	1965 S3 Continental	V-8	D líquido	6.230	(estim.) 200	185	18
	1964 409	V-8	D líquido	5.221	253,5	200	13
	1963 TE21	6-linha	D líquido	2.993	132	185	19

Da esquerda para a direita: o Bristol, 1996; o Alvis, 1967; o Bentley Corniche, 1968

Mantiveram – e ainda mantêm – o conceito aproveitado pelo Karmann-Ghia. São remanescentes dos grandes boulevardiers para as classes mais abastadas.

Capítulo 14

NOS DIAS
DE HOJE

A Karmann fabricou mais de 2,7 milhões de unidades, entre cupês e conversíveis de luxo, a parte mais visível do negócio, mas não a maior ou mais importante – o foco principal sempre foi a produção de ferramental. No entreguerras e nos anos 1950, foi compradora das prensas de alta precisão e tonelagem da Hamilton e da Clearing, dos Estados Unidos. No final do século, fornecia para dezenas de fabricantes, cuja lista era uma espécie de segredo de Estado.

A precisão alcançada pela Karmann no setor de moldes e estampas foi a melhor da Europa por trinta anos. A partir dos anos 1980, ela manteve um departamento metrológico, o único fora das universidades e de museus. Assessorou toda e qualquer fase que envolvesse a construção de partes de uma carroceria. Continuou desenvolvendo e, em certos casos, fornecendo projetos de capotas conversíveis.

Só do Karmann-Ghia são mais de cinquenta anos de história. Tudo começou com o Volkswagen Kabriolett no pós-guerra. Esse era um excelente "carro de cerimônias políticas" desde a época nazista, e melhor ainda como instrumento de lazer, sobrevivendo até 1979, depois da suspensão da produção do Fusca na Alemanha. Em 1964, o simpático carrinho tinha teto solar de aço, e no final da produção possuía o chassi com suspensão McPherson e considerável espaço para bagagem sob o capô alongado e livre do eixo dianteiro de lâminas de torção, além de um elegante para-brisa envolvente, que rodeava um painel de instrumentos mais moderno. Foi substituído por outro cult car, o Golf Cabriolet. Embora tenha lhe faltado a marca da genialidade, sempre foi considerado "muito bonitinho". A primeira geração, que também durou mais que o Golf de capota rígida, vendeu 366.970 unidades, números brutos que parecem bons, mesmo considerando-se a enorme expansão dos mercados e dos níveis industriais.

Como o Volkswagen Kabriolett e o Karmann-Ghia, o Golf foi imitado e copiado. Também exibiu maiores números de produção que os do Fusca, mas a comparação precisaria levar em conta, novamente, a diferença no tamanho do mercado e as mudanças radicais dos modelos (hoje na sexta geração); o mesmo ocorreu no Brasil com o Gol (hoje na quarta geração).

O Volkswagen Kabriolett 1302

Da esquerda para a direita: Golf I 1982 Cabriolet; Golf I 1983 Cabriolet; Golf II 1992 Cabriolet

A Karmann continuou crescendo à medida que a Volkswagen também mergulhava em ciclos de expansão, renovados em 2008, como na aquisição da espanhola Seat, nos anos 1990, até então ligada umbilicalmente à Fiat. Toda a estamparia do Ibiza foi feita em Osnabrück. No final dos anos 1990, a Volkswagen confiou à Karmann a fabricação do Corrado, considerado melhor que o Porsche por boa parte da imprensa. Foi uma tentativa de recuperar o mercado perdido, que foi ocupado pelo Karmann-Ghia, também baseado na plataforma Golf. Entretanto, os produtos Volkswagen estavam cada vez mais iguais aos que eram oferecidos pelas outras fábricas: a qualidade mecânica e a genialidade do desenho haviam se esvaído. O Corrado foi um fracasso de mercado, pelo menos para os padrões da Volkswagen: 73.749 unidades vendidas. Para a Karmann, só deu lucro. Embora a associação com a Volkswagen continuasse sendo fundamental, não consistia a totalidade das atividades da Karmann.

Ele pode ser mais rápido, mas será que consegue alcançar o Fusca?

No final do século XX, a Karmann passou a ser liderada pelo neto de Wilhelm Karmann e já não mantinha contrato de exclusividade com a Volkswagen, para quem fazia o Golf Cabriolet. A antiga associação com a Porsche foi retomada, e produziram-se 4.510 unidades do 968 conversível, com carroceria de Tony Lapine magistralmente modificada por Ham Lagaay. Também foi retomada a antiga associação com a casa Ghia no projeto

Ford Escort conversível II brasileiro

do Ford Escort conversível I. Em 1984, outras linhas de conversíveis Ford foram fabricadas: Sierra (de menor preço) e Mercury Merkur (mais cara e com mais cilindradas). Tanto na Europa como no Brasil, o Ford Escort conversível ocupou uma pequena parte do mercado perdido pelo Karmann-Ghia e pelos cabriolés Volkswagen. Resultado: novas encomendas da Ford para o Escort II, de carroceria mais arredondada. Harald Gessner estava muito orgulhoso e grato à Ford por manter sua linha de produção.

No alto: catálogos comemorativos dos 40 anos do Karmann-Ghia. Acima, da esquerda para a direita: o primeiro conversível de teto duro retrátil do mundo, o Peugeot 1937; o Ford Skyline 1957, o segundo retrátil, complicado pelos solenoides e motores

Em 1991, a Renault contratou a Karmann para fazer 5 mil unidades do R-19 conversível, mas 6.290 acabaram sendo produzidas. A associação prosseguiu, sob a diretoria do brasileiro Carlos Ghosn, e foram feitos conversíveis para o Mégane e para modelos de sua irmã japonesa, a Nissan. O Micra reacendeu os antigos sonhos dos tempos do Karmann-Ghia, pois foi uma das inúmeras sugestões para que a empresa voltasse a colaborar com a Volkswagen, que estava restrita ao New Beetle Kabriolet, sempre um cult car.

A afluência econômica virou mundial, e o mercado finalmente aceitou, e acabou exigindo, tetos rígidos móveis em substituição aos flexíveis (inicialmente, de lona, e nos anos 1960 de materiais plásticos). Antiga iniciativa da Peugeot nos anos 1930, desenvolvida pela Ford em 1957, a Karmann desenvolveu a técnica de modo tal que, no século XXI, a Daimler-Benz passou a se utilizar desse conhecimento.

Embora tivesse encomendas e fosse respeitada, a Karmann não encontrava mais a fórmula que lhe permitisse sobreviver. A empresa preparou sugestões para um novo Karmann-Ghia que mal merecia essa denominação. Era provavelmente inspirado no Peugeot 306 conversível, em estilo que faria sucesso em uma fábrica de botinhas ortopédicas.

Nem sempre o crescimento é acompanhado de saúde, e os primeiros anos do século XXI testemunharam uma injeção monstruosa de "drogas" e "esteroides" na economia mundial, gerando falsos músculos financeiros. A crise econômica de 2008 pode ter posto fim à aventura centenária da Karmann, mas não aos bons serviços que ela prestou nem aos exemplos que para sempre ficarão registrados como um capítulo especial da história da indústria automobilística.

Ainda é cedo para concluir sobre a extinção da Karmann de Osnabrück. Apesar dos extensos cuidados da sociedade e da legislação alemã relativos à manutenção de mão de obra e do tratamento institucional dedicado às empresas, na conclusão deste livro as atividades fabris haviam cessado, o museu encontrava-se desativado e a Volkswagen comprara as instalações.

Alguns modelos produzidos pela Karmann no século XXI

À esquerda: o museu da Karmann em Osnabrück. À direita: a hoje extinta estamparia de Osnabrück

No Brasil

A diretoria da Karmann-Ghia do Brasil contava com pessoas extremamente experientes do ponto de vista técnico e pessoal: sobreviveram a guerras e estavam acostumadas a reviravoltas econômicas e dificuldades que se aproximavam do desastre. A mesma coisa ocorria com boa parte da força de trabalho. Alguns se desenvolveram em outras aventuras, como Heinrich Portele (que passou a residir no Rio Grande do Sul) e Richard Schmalz. Harald Gessner trouxe da experiência alemã do pós-guerra a capacidade de fabricar carrocerias inteiras em série. Idealizava, sempre com a ajuda de sua competente equipe, mil e um projetos menores que pudessem aproveitar a fábrica, verdadeira instituição, e driblar a sucessiva série de desacertos "heterodoxos" econômicos e corrupção política que assolava o país, além das greves trabalhistas.

Por um bom tempo, os contratos com a Volkswagen minguaram e ficaram reduzidos a pedidos de equipamentos especiais para a Kombi, inclusive a caçamba da picape. As encomendas de outras fábricas também diminuíram, mas a ferramentaria, a estamparia, a pintura e a modelagem persistiram com o Fiat Fiorino e alguns produtos da General Motors. O que antes eram projetos especiais tornou-se a sobrevivência da fábrica.

Da esquerda para a direita: Gessner no Fiorino; Gessner e o general Geisel; João Paulo dos Reis Velloso e Gessner; comendas dadas em São Bernardo, em 1976, para Cecília Lafer, D. Gabrielomus, H. Gessner, H. Futatsugui (Toyota), F. Andersen (Chrysler), U. Lago e K. Samakay (Toyota)

Gessner parece ter sido o único capaz de fazer o severo general Geisel dar risadas em público. Em 1978, criou a Karmann-Ghia Schlatter, para fabricar máquinas de soldar; dois anos depois, conseguiu fazer o brasileiro gostar do teto solar, sob licença Webasto. O desinteresse do público por veículos esportivos fez a Karmann-Ghia do Brasil e a Karmann Sulamericana, por alguns anos, voltarem-se para os veículos de camping: trailers e motor homes. Eram a menina dos olhos de Gessner e Maisch, que sonhavam com uma ampliação dessa área. Enfrentaram uma terrível desilusão, por condições próprias do Brasil: o mercado jamais se ampliou.

Da esquerda para a direita: o Webasto Passat, com teto solar instalado pela Karmann; os motor homes Karmann Caravan; a Kia Besta Karmann Mobil; o reboque utilitário da Karmann

A empresa firmou-se como uma das mais respeitadas construtoras desse tipo de veículo graças à sua equipe de modelagem, que trabalhava com compósito de plástico reforçado com fibra de vidro. Os vasos sanitários e outros equipamentos passaram a ser instalados em ônibus. Apenas um concorrente, no Rio Grande do Sul, conseguia ombrear-se à Karmann-Ghia do Brasil na fabricação de trailers, motor homes e equipamentos de ônibus, que apenas ressaltaram a posição da Karmann como os mais cobiçados do mercado durante vinte anos – de 1980 a 2000.

Em 1986, apareceu no Brasil outra entidade jurídica para a fabricação de máquinas operatrizes: a Eckold Karmann-Ghia Comercial. A Karmann--Ghia do Brasil guardou duas carrocerias completas do SP2 junto com uma do Karmann-Ghia cupê original, uma do conversível e uma do TC, à qual foi acrescentado um teto solar Webasto, fabricado pela Karmann-Ghia do Brasil. Após alguns anos, foram penduradas em uma das paredes do escritório da fábrica, como se fossem quadros ou esculturas.

Um pouco antes do aluguel das dependências e da mão de obra para a Ford, que utilizou os recursos para fabricar o Land Rover Defender, já no século XXI, a maior parte dos registros escritos, da iconografia e também das carrocerias foi dispensada como sucata. Algumas pessoas, entre as quais Francisco Ernesto Kiem e Henrique Erwenne, inconformadas com uma ação que desprezava a memória de toda uma vida, empreenderam um serviço de socorro parcialmente bem-sucedido.

A Karmann-Ghia do Brasil desempenhou um importante papel social no país ao manter empregado um grande número de pessoas. Durante a produção do Land Rover, porém, a empresa diminuiu drasticamente seus quadros, ficando com apenas 400 empregados. Sua função primordial – fornecer ferramental para outras indústrias – quase foi extinta.

Harald Gessner se aposentou em 1997, desfazendo-se de sua parte na empresa. A esposa, Ingrid, o filho, Alexander Uller, e a filha, Georgina, compreendiam e aceitavam seu temperamento irrequieto, quase genial e, acima de tudo, amável e dedicado ao trabalho. Ele faleceu em 2002 e foi enterrado junto de seu grande amigo e braço direito, Georg Maisch, que falecera em 1999, deixando esposa e três filhos.

Em uma ironia da história, enquanto a Karmann da Alemanha parecia naufragar de vez, a subsidiária brasileira prosseguiu. Em junho de 2008, foi adquirida pelo Grupo Brasil, *holding* totalmente nacional, já dedicada à fabricação de tubos de muitas finalidades e autopeças de precisão de metal e plástico. De forma surpreendente, segundo observou um dos técnicos desse reerguimento, o engenheiro Luciano Bellegarde Bastos, a Karmann-Ghia do Brasil voltou a cumprir a vocação que lhe deu fama: *outsourcing.*

O Grupo Brasil é um integrador com finalidades sociais na área de recuperação de indústrias e proprietário de várias empresas tradicionalmente respeitadas no Brasil e no exterior (Estados Unidos e França): BR Metals, West Co., Brasil Logística, Vulcan (plásticos laminados), Sifco (metal forjado para fabricação de motores da indústria automobilística) e MTP tubos.

Capítulo 15

O ASTRO
DA MÍDIA

Por ter se tornado parte integrante da cultura, com seus significados ampliados no âmbito social, econômico e político, o automóvel aparece com destaque na mídia, veiculando sonhos, e sempre é mostrado como objeto de desejo. Não causa surpresa que um produto artesanal como o Karmann-Ghia, que capturou, antes de tudo, o belo, seja um eterno polo de atração de produtores, escritores, estetas e pessoas mais sensíveis. Muitos artistas e celebridades usavam publicamente o Karmann-Ghia. Ronnie Von foi um dos primeiros donos do conversível, e talvez fosse uma das poucas pessoas cuja beleza dispensasse a do carro.

A Rede Globo de Televisão, tão presente nos lares brasileiros, aproveitou várias vezes as linhas do Karmann-Ghia em sua programação, como na minissérie *Anos rebeldes*, veiculada em 1999, na qual figurava um modelo de 1970 branco, protagonista de várias cenas, entre as quais uma violenta "fechada" em um Mercedes-Benz.

Em 1995, a marca de cera de polimento para automóveis Grand Prix lançou uma bem-sucedida campanha que utilizava um flamejante conversível vermelho. Um dos mais simpáticos agentes secretos da TV, Maxwell Smart, personagem criado por Mel Brooks para o famoso seriado *O agente 86*, em suas estrepolias com a perigosa agência do mal, trocou um Sunbeam Tiger por um Karmann-Ghia conversível, que depois foi substituído por um Opel GT. Nos anos 1990, um carro hoje meio desconhecido continuou trabalhando duro como um meio de desviar a atenção: uma construtora de São Paulo adotou a ideia de colocar cartazes anunciando o lançamento de edifícios sobre um Karmann-Ghia TC.

Publicidade e mídia

O Karmann-Ghia recebeu, além do destaque da mídia, muitos julgamentos pouco razoáveis, talvez em decorrência do fato de haver resistência ou mau entendimento do conceito que norteou sua fabricação. Parecia mais fácil julgá-lo pela aparência, a despeito de ser uma das mais harmônicas e belas da história do automóvel. Bem que a fábrica tentou evitar o problema. Volta e meia explicava seu intuito com uma eloquente campanha publicitária, idealizada com um humor profissional que fez escola.

A Doyle Dale Bernbach (DDB) era uma agência publicitária um tanto distante das tendências principais da época, mas encontrou o apoio decidido de Carl Hahn, então diretor da Volkswagen of America, para fazer a publicidade do carro. Começaram com o próprio Fusca, um automóvel que não precisava de propaganda, e criaram *cases* que hoje são objeto de estudo em faculdades de propaganda e marketing. A receita? Uma foto impactante que ocupava dois terços ou três quartos de página, seguida de mensagens divertidas em forma de manchetes, que faziam ironia do próprio veículo. Tinham texto pequeno, apenas no terço inferior da página.

Bernbach, Doyle, Hahn e Dale

A primeira agência de publicidade da Volkswagen do Brasil, a Alcântara Machado, também fez propaganda para o Karmann-Ghia. Em uma das campanhas, a foto de um Karmann-Ghia todo decorado com faixas e números de corrida era legendada pelo texto: "Você perderia". Em outra, de 1964, lia-se: "Por que este carro se chama Karmann-Ghia?" Explicação: "Porque não é um carro de corridas". Em outra peça publicitária de 1963: "Para aqueles que não suportam olhar um Volkswagen", em uma ironia surpreendente que fazia troça da aparência bizarra do Fusca, sempre enfatizando que o Karmann-Ghia era mes-

"Que tal colocar peças de Volkswagen no Karmann-Ghia?"

O astro da mídia

Inúmeras propagandas do Karmann-Ghia e suas versões

Catálogo do SP2 de 1972

mo um Fusca, só que mais belo: "Que tal colocar peças de Volkswagen no Karmann-Ghia?" O texto sublinhava a enorme resistência e também a facilidade com que se obtinham as peças de reposição, características que tornaram o Volkswagen famoso.

Nos Estados Unidos, faziam-se trocadilhos: "*There's a little bug in every Karmann-Ghia*", que poderia ser interpretada de duas maneiras: "Há um pequeno defeito em todo Karmann-Ghia" e "Há um pequeno Fusca em todo Karmann-Ghia", pois "*bug*" significa também "inseto" e faz referência a "*beetle*" (besouro), o apelido do Fusca no país. O apelido foi dado pelo correspondente do *The New York Times* ainda antes da guerra, quando viu os carros em uma parada organizada pelo governo alemão para atrair compradores.

Em outra peça publicitária, que não pôde vir ao Brasil por limitações de mercado, havia cinco conversíveis pretos: Porsche, Ferrari, Mercedes, Jaguar e Karmann-Ghia. Ao lado deles, cinco homenzarrões de óculos escuros, vestidos de preto, e a pergunta: "Você consegue identificar o farmacêutico de Toledo?" Na televisão, um anúncio dizia: "O Karmann-Ghia é o carro esportivo mais econômico que você pode comprar. Só não é o mais potente".

Capítulo 16

MINIATURAS

O adormecimento dos colecionadores do Karmann-Ghia no âmbito do movimento de carros antigos refletiu-se na escassez total de miniaturas de precisão desse carro durante mais de vinte anos, mas o intenso crescimento econômico mundial após a Guerra Fria fez-se sentir no *boom* de fábricas artesanais de miniaturas.

Inicialmente feitas como um brinquedo infantil, elas passaram a ser item de coleção e posteriormente um investimento de adultos, tornando-se uma "brincadeira de gente grande". A exuberante indústria de miniaturas da Europa e dos Estados Unidos migrou para a China, embora as vendas e os lucros revertessem, em parte, para os países de origem.

Com o sucesso crescente das miniaturas de metal, não passou muito tempo até que as gigantescas empresas japonesas, como a Tamyia, também fizessem suas próprias experiências com miniaturas. O mundo das miniaturas de plástico estireno difere tanto do mundo da miniatura de metal que, na verdade, talvez pudesse constituir outro capítulo da história. Nele, há um número incomparavelmente maior de detalhes, inexequíveis em metal. O detalhamento é tão preciso que os modelos japoneses podem ser usados como guia pelo restaurador do carro real!

A partir de 1994, os amantes do Karmann-Ghia começaram a conseguir miniaturas nas enormes escalas 1:18 e 1:24, em opções para o cupê e para o conversível dos modelos de 1955 a 1959. Como toda miniatura de plástico em escala maior, esses carrinhos são mais frágeis, exigem mais cuidados de limpeza e necessitam de mais espaço e temperatura adequada de armazenagem e exposição, mas são insubstituíveis no prazer que proporcionam.

A miniatura de plástico estireno historicamente mais importante foi feita por encomenda da Volkswagen, como um modelo promocional chamado de *promo* no mundo das miniaturas de automóveis. Distribuída como cortesia entre os empregados graduados das revendas e os primeiros compradores do carro, não era vendida ao público, pois a indústria acreditava que devia vender apenas automóveis em escala 1:1. As miniaturas, portanto, foram avidamente disputadas e rapidamente comercializadas de forma privada.

Miniaturas europeias e americanas

Miniaturas Viking promocionais

Marca: Viking
Local de fabricação: Alemanha
Época: 1956-1958
Escala: 1:40
Material: plástico estireno
Observações: cupê conversível fiel ao original com base da curvatura do vidro traseiro. Carroceria e interior com réplica do motor, destacáveis por presilhas. Tem algumas cores do Karmann-Ghia original (verde, cinza, mais raramente vermelho), com pigmento aplicado ao próprio plástico. Reprodução de cromados em tinta prateada. A maioria foi destruída, pois o material é altamente suscetível a deformação por calor e pouco resistente a quedas.

Marca: Revell
Local de fabricação: Inglaterra
Época: 1960-1965
Escala: 1:40
Material: plástico estireno
Observações: em 1959, a Revell britânica obteve licença para fazer a cópia do Viking em uma série que incluía o Ford Consul, o Jaguar MKII, o Triumph TR3 e o Rover 3000, com espessura maior do material. Ela foi relançada em 1963 no Brasil por A. Kikoler, representante da Revell. Os pro-

prietários escolhiam a cor. Todas essas miniaturas adquiriram valor de coleção e constituem um achado raro, ainda mais desmontados, na caixa.

Marca: Eko
Local de fabricação: Espanha
Época: Desconhecida
Escala: 1:87
Material: plástico estireno
Observações: acondicionada em um pequeno *display* de plástico transparente, é vendida nas lojas especializadas em trens elétricos, para uso em maquetes. Detalhamento limitado pela escala quase micrométrica.

Marca: Märklin
Local de fabricação: Alemanha
Época: 1960. Relançada como cópia em 1987, pela Tin Wizard, até 1991
Escala: 1:50
Material: liga de *zamak* com antimônio
Observações: feita pela fábrica alemã de trens elétricos estabelecida em 1870, era destinada ao público infantil. Não tem detalhes internos, e o aspecto externo é tosco. Por muito tempo, foi o único modelo metálico do Karmann-Ghia. A Tin Wizard refez o modelo em escala 1:43, mais detalhado.

Miniaturas Dinky Toys: carros iguais aos do papai e do vovô

Marca: Dinky Toys
Local de fabricação: França
Época: 1958
Escala: 1:43
Material: liga de *zamak* com alumínio e liga de ferro doce com alumínio
Observações: inicialmente eram brinquedos que rechearam a fantasia das crianças mais abastadas das décadas de 1950 e 1960. Reproduziam boa parte dos automóveis que excitavam a imaginação popular. As crianças

Dinky Toys: miniaturas que excitavam a imaginação popular

sentiam-se proprietárias dos carros do papai e do vovô. Na década de 1960, reproduziam a suspensão e tinham rodas de borracha, detalhes internos, portas e capôs que se abriam. Aguentavam maus-tratos. Caso ainda conservem a embalagem amarela original, têm seu valor aumentado como objetos de coleção. Originalmente feitas na Inglaterra, algumas eram exclusivas da França, como a do Karmann-Ghia, de excelente fidelidade, a não ser pela curvatura superior do para-brisa.

Marca: Corgi Toys
Local de fabricação: Inglaterra
Época: 1963
Escala: 1:43
Material: liga de ferro doce com alumínio,
Observações: a do Karmann-Ghia Tipo 3 é a mais detalhada, com portas e capô articulados, além de "vidros".

Miniaturas Century: as mais belas miniaturas de metal do Karmann-Ghia

Marca: Century
Local de fabricação: Alemanha
Época: 1989
Escala: 1:43
Material: metal com liga de alumínio
Observações: encomendada pela maior loja de miniaturas do mundo, a Danhausen, situada em Aachen, a certos fabricantes já estabelecidos, como André M. Ruf, da França, e SMTS e Western, da Inglaterra. Em 1988, foi lan-

çada a mais bela miniatura de metal do Karmann-Ghia, cupê e cabriolé, com pouquíssimas partes em plástico. Foi feita na Inglaterra pela Western Models, com pintura automotiva, partes *photo-etched*, com grades e calotas detalhadíssimas, um feito possível após a popularização do micro *silk-screen* computadorizado. Tinha decalcomanias dos emblemas, dos faróis e das calotas, perfeitas. Reproduz os modelos de 1957 a 1959.

Miniaturas Tin Wizard: brinquedos com pintura automobilística em cores originais

Marca: Tin Wizard
Local de fabricação: Inglaterra e China
Época: 1991
Escala: 1:43
Material: Liga em alumínio
Observações: pintura automobilística em cores originais. Não se manteve muito tempo no mercado.

Miniaturas Paul's Model Art: para os amantes do carro, elas são insuperáveis

Marca: Paul's Model Art e Minichamps
Local de fabricação: Alemanha e China
Época: 1991-1992
Escala: 1:43 e 1:24
Material: liga em alumínio; peças em plástico
Observações: um dos sócios da extinta Danhausen fundou outra empresa, com duas marcas, deslocando a fabricação de miniaturas para a China, pela

Riqueza de detalhes nas miniaturas da Paul's Model Art

facilidade da mão de obra barata. A falta de preconceito quanto à utilização de mais partes plásticas nos detalhes e a relação custo-benefício para a escala 1:43 superavam tudo o que havia sido feito, causando certa comoção no mundo das miniaturas. Por 26 dólares compra-se um carrinho reluzente, com bancos emborrachados e reproduções nunca vistas dos instrumentos no painel. Em 1994, incluiu-se a escala 1:24 para representar o Karmann-Ghia de 1970 em diante, com as grades Delahaye, em vermelho ou prata, marcando novo recorde em fidedignidade. Essas miniaturas dificilmente produzirão retorno financeiro ao comprador (que fica reservado ao fabricante) devido à escala chinesa em que são feitas. Para os amantes do carro, porém, elas são insuperáveis. O modelo inclui um *display* que o protege de poeira, dotado de base e proteção transparente, no estilo introduzido pela Solido francesa.

Marca: Franklin Mint
Local de fabricação: Estados Unidos
Época: 1995
Escala: 1:24
Material: metal doce com alumínio
Observações: pouco mais de um ano depois das tentativas alemãs, a prestigiosa empresa de produção em massa americana, Franklin Mint, reproduziu

Miniaturas Franklin Mint: detalhamento que fez a fama da marca

o Karmann-Ghia de 1967 com grande detalhamento, e com ele a empresa ficou famosa. A miniatura possui algumas características que lhe dão uma certa aparência de brinquedo.

Miniaturas brasileiras

Marca: Rolly Toys
Local de fabricação: Rio de Janeiro
Época: 1963-?
Escala: 1:50 e 1:40
Material: Metal doce
Observações: a importadora da Revell, A. Kikoler, preparou miniaturas em escala variável do Volkswagen sedã (com portas que se abrem), do Karmann-Ghia e do DKW-Vemag (Belcar e Vemaguet).

Marca: Brosol
Local de fabricação: São Paulo
Época: 1972
Escala: 1:43
Material: liga de antimônio
Observações: a fábrica de carburadores realizou uma aventura no mundo das miniaturas e acabou sendo a única responsável por um modelo do Karmann-Ghia TC.

Miniaturas Automodelli: feitas por Antonio Apuzzo, um dos maiores estimuladores das miniaturas automobilísticas brasileiras

Marca: Automodelli
Local de fabricação: São Paulo
Época: 2005
Escala: 1:43
Material: resina

À esquerda, a miniatura SP2 da Automodelli pode ser comparada aos melhores modelos em escala do mundo.
À direita, uma miniatura de barro: visão de um artista naïf

Observações: Antonio Apuzzo, um dos maiores impulsionadores das miniaturas automobilísticas brasileiras, preparou um SP2 que pode ser comparado aos melhores modelos em escala do mundo.

Miniaturas chinesas litografadas

Miniatura chinesa de marca não identificada

Marca: Não identificada
Local de fabricação: China
Escala: 1:20
Época: 1950-1960. Um dos modelos foi relançado em 1987
Material: lata
Observações: tem motor a fricção e interior.

REFERÊNCIAS BIBLIOGRÁFICAS

BOBBITT, M. *VW Karmann Ghia*. Dorset: Veloce Publishing, 1995.

BOSCHEN, L. & BARTH, J. *Porsche Specials*. Wellingborough: Patrick Stephens, 1986.

BURNHAM, C. *Air Cooled Volkswagens. Beetles, Karmann-Ghias Types 2 & 3*. Londres: Osprey Publ, 1991.

CAMPOS, R. O. *A lanterna na popa – memórias*. Rio de Janeiro: Topbooks, 1994.

CLARKE, R. M. *Karmann-Ghia 1955-1982*. Surrey: Brooklands Books, 1983.

D'ARAUJO, M. C.; CASTRO, C. (org.). *Ernesto Geisel*. Rio de Janeiro: FGV Editora, 1997.

ETZOLD, H. R. *The Beetle. The Chronicles of the People's Car*. Somerset: Haynes Publ., 1990.

FAUSTO, B. *Getúlio Vargas*. São Paulo: Companhia das Letras, 2006.

FREUND, K.; STUBBLEFIELD, M.; HAYNES, J. H. *VW Beetle and Karmann-Ghia. Automotive Repair Manual*. Somerset: Haynes Publ., 1991.

GRUNBERGER, R. *A Social History of the Third Reich*. Nova York: Penguin Books, 1972.

LAFER, C. & CARDIM, C. H. *Horácio Lafer: Democracia, desenvolvimento e politica externa*. Brasília: Fundaçâo Alexandre de Gusmão, 2002.

LAFER, C. *JK e o Programa de Metas. Processo de planejamento e sistema político no Brasil*. Rio de Janeiro: FGV Editora, 2002.

LUPA, M .*The British and their Works*. Wolfsburg: VAG Group Communications Corporate History Dept., 2005.

LUPA, M. (org.). *Surviving in Fear. Four Jews describe their time at the Volkswagen factory from 1943 to 1945*. Wolfsburg: VAG Group Communications Corporate History Dept., 2005.

_____. *Volkswagen Chronicle*. Wolfsburg: VAG Group Communications Corporate History Dept., 2003.

MEREDITH, L. *Essential Karmann-Ghia*. Devon: Bay View Books, 1994.

MOMMSEN, H; GRIEGER, M. *Das Volkswagenwerk und seine Arbeiter im Dritten Reich*. Düsseldorf: ECON Verlag.

NEUBAUER, H. *Volkswagen: Beetle and Derivatives*. Londres: Beaulieu Books, 1979.

NORBYE, J. P. *Volkswagen Treasures by Karmann*. Osceola: Motorbooks International, 1985.

POST, D. *Volkswagen: Nine Lives Later (1930-1965)*. Motor-Era Books, Arcadia, 1982.

RICHTER, R.. *Ivan Hirst – British Officer and Manager of Volkswagen's Postwar Recovery* Wolfsburg: VAG Group Communications Corporate History Dept., 2003.

ROBSON, G. *Volkswagen Chronicle*. Publications International, Lincolnwood, 1996.

SCHRADER, H. *Karmann-Ghia, Coupés und Cabriolets*. Suderburg: Schrader Verlag, 1993.

SILVA, H. *1964: golpe ou contragolpe?* Rio de Janeiro: Civilização Brasileira, 1975.

SLONIGER, J. "Karmann's Arias". In: *Automobile Quarterly*. (27), 1989, pp. 240-263.

SMELSER, R. *Robert Ley: Hitler's Labor Leader*. Nova York: Berg Publishers, 1988.

TAYOR, A. J. P. *Europe: Grandeur and Decline*. Nova York: Penguin Books, 1967.

VACK, P. *Illustrated Volkswagen Buyer's Guide*. Motorbooks International, Osceola, 1993.

WALTER, M. *Ein (fast) Vergessener Vater der "Volkswagens", der Porsche AG und erfolgreicher Rennfahrer: Der Pforzheimer Adolf Rosenberger – ein deutsch-jüdisches Schicksal*. In: GROH, Christian (org.). *Neue Beiträge Zur Pforzheimer Stadtgeschichte*. Heildelberg: Verlag Regionalkultur, 2006.

WALTER, M. *In Donner der Motoren Karl Kappler*. Gudensberg-Gleichen: Wartburg Verlag, 2003.

_____; JORDAN, H. *Das Herkules-Berrennen in Kassel*. Kasssel-Bad Wilhelmshöle, 2005.

WOOD, J. *The VW Beetle – including Karmann-Ghia*. Londres: MRP Publications, 1983.

ZECHNER, W. *VW Beetle Convertible, Karmann-Ghia, Rometsch*. Atglen: Schiffer Publishing, 1989.

Revistas

Auto Motor und Sport

Autocar

Autoesporte

Automobil Revue

Auto-Retro

Car and Driver

Car Life

Classic & Sports Cars

L'Automobile

Life

Mecânica Popular

Popular Mechanics

Quatro Rodas

Retroviseur

Road & Track

Ruotteclassiche

Sport Illustrated

Throughbred & Classic Cars

Velocidade (das décadas de 1950, 1960, 1970, 1980 e 1990)

CRÉDITOS DAS IMAGENS

As imagens deste livro foram generosamente cedidas pelas pessoas e instituições abaixo:

Arquivo pessoal do autor
Anfavea – Cedoc
Axel Schultz-Wenk
Claudio Larangeira
Cláudio Menta
Elcio Potomati
Frank Dieter Pflaumer
Georgina Gessner
Harald Uller Gessner
Henrique Erwenne
Ingrid Gessner
Jan P. Norbye
José Rogério Lopes de Simone
Karmann-Ghia do Brasil
Lourdes Defavari
Marcio Piancastelli
Maria Aparecida Reis Ribeiro da Silva
Martin Walter
Saulo Mazzoni
Volkswagen Automobil Group
Volkswagen Auto Museum
Volkswagen do Brasil

Para conhecer outros títulos sobre automobilismo, acesse o site
www.alaude.com.br, cadastre-se e receba nosso boletim eletrônico com novidades.